叢書主編
張海鷗

讀懂
當代中國

# 當代中國

馮 巍　張憲初　著

# 法律

中華書局

# 前 言
## *Preface*

　　中國有悠久的歷史和豐富的文化，法律制度和法律文化是重要的組成部分。中國當代法律是中國傳統法律文化在馬克思主義國家理論指導下，針對當下的中國問題、面向中國未來發展形成的法律體系。中華人民共和國成立以來，尤其在過去幾十年裏，中國經濟快速增長、社會持續穩定，很大程度上得益於有序、快速發展的法治建設。法律在設立和運行國家基本制度、保障社會發展和穩定、促進經濟發展、保障公民權益、推進法治政府建設、提升中國的國際地位與影響力的過程中發揮了重要作用。

　　本書涵蓋了當代中國法律中最重要的領域，包括憲法、民商法、行政法、經濟法、刑法、社會法、程序法以及國際法的基本知識。這些知識與公民日常生活、工作密切相關。我們力求通過系統、通俗的介紹，幫助讀者了解當代中國法律的基本情況，也期望讀者透過當代中國法律認識立體化的中國。

　　本書是一本普及性讀物，不是權威的法律指南，也不是學術專著。讀者如有具體法律問題要解決，建議在官方網站查閱正式法律文件，或尋求法律專業人士的幫助。

作者<br>
2023 年 6 月

# 目 錄
## Content

第一章

當代中國
法律概要

當代中國法律是當代中國整體制度、文化中的重要組成部分，在國家建設、經濟社會發展中發揮着重要的作用。當代中國法律是當代中國社會條件下的產物，是中國傳統法律文化、經驗和馬克思主義國家學說相結合的結果。當代中國法律隨着中國政治、社會、經濟的發展而發展，規範着中國社會生活的各個方面。法律在全面依法治國，實現中華民族偉大復興的過程中，會發揮越來越大的作用。

# 第一節　當代中國法律體系的形成

　　當代中國法律是以調整中國社會關係、構建社會秩序、維護國家統治為目的的規範體系。當代中國法律繼承了中國傳統法律的優秀成分，蘊含着中華民族偉大的創造力和深厚的文明底蘊，同時也借鑒國外法治有益經驗。

## 一、中國傳統法律

　　中國傳統法律是中華文明的有機組成部分，經歷了五千多年

發展的歷史，具有獨特的民族特點，被稱為有別於西方普通法和大陸法的中華法系。

### 1、中華法系的形成

中華法系伴隨着中華文明出現、形成、發展並形成獨特的體系。中華法系的形成經歷了三個階段：第一階段是理論、規則奠基。在夏、商、周時代，中華法系的基本理念和規則已經形成，其核心理論是「以德配天」「敬天保民」，重視德治，慎重刑罰，具有強烈的人文精神。第二階段是中華法系系統性建立。秦統一中國後，歷經漢和隋唐，中華法系形成系統，最具代表性的標誌是出現了全國統一適用的法典，如秦朝的《秦律》、漢朝的《九章律》，確立全國統一實施的法律制度，包括中央國家機構、國家設立郡縣分級管理、系統的官制、土地和稅收制度以及刑法制度。第三階段是中華法系發展完備。這個階段歷經宋元明清，在前一階段基礎上，中華法系有進一步的發展，如所有權、財產交易、契約合同、違約責任等相關聯的法律制度逐步完善。

### 2、中華法系的特徵

在中華大地生長發育、成熟完備的中華法系，吮吸着中華文化的精華，服務於中華民族的國家治理與社會管理，富有獨特的民族特徵。最主要的有以下幾個特徵：第一個特徵是具有厚重的思想文化根基。儒家思想是中國傳統文化的主導思想，也是傳統中國法律的思想基礎。儒家主張「禮治」，強調道德和倫理在社會治理中的重要地位。儒家倫理道德觀念包括仁愛、忠誠、孝順、寬容等，這些價值觀主導着傳統中國社會，也在中國傳統法律中得到體現，法律制度往往將道德觀念作為法律規範的基礎，要求人們在遵守法律的同時，也要遵循道德準則。法律與道德的緊密

結合有助於提高法律的執行力，使法律更加符合社會現實和人們的道德預期。第二個特徵是諸法合體。中華法系從秦以來，歷朝歷代均有成文法典。法典內容包含現代部門法的大多數內容：如國家機構的設立、中央與地方的關係、官僚制度、監察制度、婚姻家庭、土地稅收、民事合同、刑法制度，以及官府判案時的諸多程序法律。第三個特徵是超穩定。中華法系產生在中國確定的地域範圍內，從法律理念到形成體系經歷了近兩千年。中華法系定型之後其主要內容、結構、實施就沒有發生過大的變化。即使在秦之後，社會發生過多次內亂，但中華法系一直被有效地適用並進一步發展，在鮮卑、蒙古、滿清入主中原也沒有大的變化，少數民族當權者同樣採用中華法系掌控國家，推動社會、經濟發展。

### 3、中華法系的主要內容

中華法系內容豐富，涉及社會生活的所有領域，符合傳統中國運轉和管理的實際需要。在中華五千年的歷史發展中發揮了巨大的作用。其中有些法律內容和制度對當代中國法律有很大的傳承和借鑒意義：

（1）大一統的國家管理體制。「普天之下，莫非王土；率土之濱，莫非王臣」是傳統中國社會的國家理念。夏、商、周時代，就已形成了全國統一政權之下的分封制度，「海內為郡縣，法令由一統」。「大一統」包括：政治法律一統，民族人口一統，版圖疆域一統，主流思想一統。「大一統」的國家體制，需要保持政權和政令全國統一、制度與法律全國統一、公共資源調配全國統一。法律嚴格劃分中央與地方權限。中央權限，通常稱「欽部權限」，地方各級官員，對於欽部權限之事，必須按照中央指令履行。特

殊情況須奏請中央，獲得批准之後方可實施。對於擅自行動者，地方主管官員要受到相應的行政處分。

（2）法律的民本主義。民本思想歷史淵源久遠。《尚書·五子之歌》說：「民惟邦本，本固邦寧」。孟子云：「民為貴，社稷次之，君為輕。」唐太宗說：「舟所以比人君，水所以比黎庶。水能載舟，亦能覆舟」。傳統中國歷朝歷代在制定律法、管理國家中，均貫徹了民本思想，要求各級官吏嚴格約束自己的行為，「博施於民」，「使民以時」。最顯著的法律是「輕徭薄賦」、「富民養民」，在土地所有權方面，鋤強扶弱、保護小自耕農利益，限制土地過度集中；地方官府分派勞役，法律要求首先考慮由殷實富戶承擔；法律還規定，對於老幼病殘、孤寡廢疾，即便是犯罪，也區別常人而給以特殊處理。體現了中華法系的人文關懷。

（3）系統的官吏制度。維持一個超大型國家的有效治理，需要一套選拔、管理、監督吏治的法律。傳統中國法律通過科舉選拔官員。科舉制度通過嚴格的考試來選拔人才。考試對全社會開放，考生需要逐級通過考試才能被錄用。考試內容主要包括經學、史學、文學等方面，以論文的形式進行，通過考試可以獲得政府職位，成為國家治理的主要力量。官員在任職期間，根據工作表現和需求，會被調任不同的地區或部門，表現優秀的官員有機會獲得晉升。通過這樣的層層選拔，達到有才能、有品德、有學識的官員治理國家的目的。傳統中國通過嚴格的法律規範約束官吏的行為。唐朝提出的為官準則：「正以處心，廉以律己，忠以事君，恭以事長，信以接物，寬以待下，敬以處事」，仕宦之家，不得與民爭利，不得從事商業行為。法律將官員的犯罪劃分為「私罪」與「公罪」。「私罪」是官員因貪圖私利、徇情枉法，

甚至結黨營私、圖謀不軌;「公罪」可能因為職務履行不當,或者在特殊情形下因大膽管理而觸犯禁令。對於私罪官員,不僅嚴肅懲處,而且在相關聯的行政處分,包括待遇、復職、抵罪等方面也從嚴處理;而對公罪官員,一般量刑較輕,在待遇、復職、抵罪等方面,從寬處分。法律鼓勵官員大膽管理、勇於擔當,考察任用官員,甚至將有公罪前科、但敢擔當的官員優先升遷、選拔重用。在道德與法律雙重規制下,傳統中國的文武官員中湧現了一些懷抱治國平天下理想和「先天下之憂而憂,後天下之樂而樂」崇高人格的官員。他們既為國家治理貢獻了才能,也因立功立德立言而為成為社會道德楷模。

(4)宗法制度。傳統中國的治理模式大致分為三級,第一級是中央,第二級是州縣,第三級是鄉村。作為一個農耕社會,鄉村是中國社會的基礎。基礎穩則國本固。鄉村大都是以血緣、婚姻關係為紐帶而形成的以家族宗族為核心的區域性社群、社會,被稱為宗法社會。宗法社會有千百年形成並為基層社會嚴格遵守的鄉規民約。鄉規民約為基層社會設置行為規則,明確哪些事可為,哪些事不可為,具有重要的社會秩序構建作用。國家確認族長和鄉紳對宗法社會的基層治理,也確認鄉規民約為基層治理的基本規範。宗法社會結構中,家庭是整體,家長代表家庭,享有對全部家庭財產的所有權,包括佔有、使用、處分權,並組織生產;在刑事方面,家庭成員的犯罪行為可能導致其他成員的連帶責任,強化了家庭的整體性、穩定性,為社會秩序的穩定創造了條件。社會個體童蒙之時養成的家庭宗法觀念,在成年進入社會之後,均能轉化為良好的集體意識與社會責任感,有利於社會穩定與秩序構建。

中華法系在長期的歷史過程中，應對各種演化、變局甚至危機，始終保持其強大、堅韌的生命力，在人類法律文明中獨樹一幟，綿延發展，為傳統中國維護國家穩定、推動社會進步、維繫民族團結、助力文化繁榮，發揮了獨到的作用。中華法系的許多法律原則、精神，以至重要的制度和規範一直綿延至今。

## 二、當代中國法律體系的形成

1949 年，中華人民共和國成立，實現了中國歷史性跨越，結束了舊中國半殖民地半封建社會的歷史，人民成為國家、社會和自己命運的主人。70 多年來特別是改革開放 40 多年來，國家制定憲法和法律，逐步形成了立足中國國情、適應社會主義現代化建設需要，以憲法為統帥，以憲法相關法、民法商法等多個法律部門的法律為主幹，由法律、行政法規、地方性法規等多個層次法律規範構成的中國特色社會主義法律體系。

### 1、當代中國法律體系的奠基

建國初期，中華人民共和國面臨着建國和鞏固新生政權、恢復和發展國民經濟、實現和保障人民當家作主的艱巨任務。從1949 年到 1954 年第一屆全國人民代表大會召開前，中國頒佈實施了具有臨時憲法性質的《中國人民政治協商會議共同綱領》，制定了中央人民政府組織法、婚姻法、土地改革法、人民法院暫行組織條例、懲治貪污條例、全國人民代表大會和地方各級人民代表大會選舉法、民族區域自治和公私企業管理、勞動保護等一系列法律、法令，開啟了中華人民共和國法制建設的歷史進程。

1954 年，第一屆全國人民代表大會召開，制定、通過了中華人民共和國第一部憲法，確立了人民民主和社會主義原則，確立了人民代表大會的根本政治制度，規定了公民的基本權利和義務，同時制定了全國人民代表大會組織法、國務院組織法、地方各級人民代表大會和地方各級人民委員會組織法、人民法院組織法、人民檢察院組織法，確立了國家治理的基本法律制度，為中國特色社會主義法律體系打下了堅實的基礎。

### 2、改革開放與法律體系的發展

1978 年，中國共產黨十一屆三中全會作出了把國家工作重點轉移到經濟建設上來、實行改革開放的歷史性決策，並提出「為了保障人民民主，必須加強社會主義法制，使民主制度化、法律化，使這種制度和法律具有穩定性、連續性和極大的權威，做到有法可依、有法必依、執法必嚴、違法必究」，開啟了中國改革開放和社會主義民主法制建設的歷史新時期，拉開了大規模立法的序幕。1982 年，第五屆全國人民代表大會第五次會議制定通過了現行憲法，確立了國家的根本制度、根本任務和國家生活的基本原則，完善國家權力機構和基本制度，標誌着中國民主法制建設進入新的歷史階段。這個時期，為適應以經濟建設為中心、推進改革開放的需要，制定了民法通則、全民所有制工業企業法、中外合作經營企業法、外資企業法、專利法、商標法、著作權法、經濟合同法、企業破產法等法律；為了和平統一祖國，貫徹落實「一國兩制」方針，制定了香港特別行政區基本法、澳門特別行政區基本法；為加強民族團結，制定了民族區域自治法、村民委員會組織法、刑事訴訟法、民事訴訟法、行政訴訟法等法律；為保護和改善生活環境與生態環境，制定了環境保護法、水

污染防治法、大氣污染防治法等法律；為促進教育和文化事業發展，制定了義務教育法、文物保護法等法律。

按照建立社會主義市場經濟體制的要求，加快經濟立法，制定了公司法、合夥企業法、商業銀行法、鄉鎮企業法、反不正當競爭法、消費者權益保護法、產品質量法、拍賣法、擔保法、海商法、保險法、票據法、城市房地產管理法、廣告法、註冊會計師法、仲裁法、審計法、預算法、中國人民銀行法、對外貿易法、勞動法等法律；修改、完善刑法和刑事訴訟法；為規範和監督權力的行使，制定了法官法、檢察官法、行政處罰法、國家賠償法、律師法等法律；為進一步加強對環境和資源的保護，制定了固體廢物污染環境防治法等法律，修改了礦產資源法等法律；為保障和促進社會主義市場經濟的發展，適應加入世界貿易組織的需要，制定了證券法、合同法、招標投標法、信託法、個人獨資企業法、農村土地承包法、政府採購法等法律，修改了對外貿易法、中外合資經營企業法、中外合作經營企業法、外資企業法、專利法、商標法、著作權法等法律；為規範國家立法活動，健全立法制度，制定了立法法，把實踐證明行之有效的立法原則、立法體制、立法權限、立法程序以及法律解釋、法律適用和備案等制度系統化、法律化；為發展社會主義民主、繁榮社會主義文化、保護生態環境、發展社會事業，制定了行政覆議法、高等教育法、職業病防治法等法律，修改了工會法、文物保護法、海洋環境保護法、藥品管理法等法律；為保證法律有效實施，全國人大常委會還對刑法、香港特別行政區基本法等法律的有關規定作出法律解釋。經過這個階段的努力，形成系統的中國特色社會主義法律體系。

### 3、進入新時代的中國法律

進入新世紀，根據中國共產黨第十八次全國代表大會確定的在本世紀頭二十年全面建設惠及十幾億人口的更高水平的小康社會這一目標，為了使社會主義民主更加完善，社會主義法制更加完備，依法治國基本方略得到全面落實，更好保障人民權益和社會公平正義，促進社會和諧，中國立法機關進一步加強立法工作，不斷提高立法質量。為維護國家主權和領土完整，促進國家和平統一，制定了反分裂國家法；為發展社會主義民主政治，制定了各級人民代表大會常務委員會監督法、行政許可法、行政強制法等法律；為保護公民、法人和其他組織的合法權益，保障和促進社會主義市場經濟的健康發展，制定了物權法、侵權責任法、企業破產法、反壟斷法、反洗錢法、企業所得稅法、車船稅法、企業國有資產法、銀行業監督管理法等法律；為完善社會保障制度，保障和改善民生，制定了社會保險法、勞動合同法、就業促進法、人民調解法、勞動爭議調解仲裁法、食品安全法等法律；為節約資源、保護環境，建設資源節約型、環境友好型社會，制定了可再生能源法、循環經濟促進法、環境影響評價法等法律。此外，還制定和修改了一批加強社會管理、維護社會秩序等方面的法律。

與全國人大及其常委會制定各項法律相適應，根據憲法和法律規定的立法權限，國務院、地方人大及其常委會還制定了大量行政法規和地方性法規，為促進中國社會主義民主法制建設，推動中國特色社會主義法律體系形成，發揮了重要作用。總體看，當代中國的法律涵蓋社會關係各個方面，各個法律部門中基本的、主要的法律已經制定，相應的行政法規和地方性法規比較完

備，法律體系內部總體做到科學和諧統一，中國特色社會主義法律體系已經形成。

# 第二節　當代中國法律體系

中國特色社會主義法律體系，是以憲法為統帥，以法律為主幹，以行政法規、地方性法規為重要組成部分，由憲法相關法、民法商法、行政法、經濟法、社會法、刑法、訴訟與非訴訟程序法等多個法律部門組成的有機統一整體。

## 一、當代中國法律體系的層次和部門

### 1、中國法律的層次

按照法律的制定機構和法律的效力等級，根據憲法和《立法法》的規定，中國的法律分為四個層次：

第一層次：憲法。憲法是國家的根本法，由全國人民代表大會制定，經全體代表 2/3 以上表決通過，在中國特色社會主義法律體系中居於統帥地位，是國家長治久安、民族團結、經濟發展、社會進步的根本保障。憲法在中國特色社會主義法律體系中具有最高的法律效力，一切法律、行政法規、地方性法規的制定都必須以憲法為依據，遵循憲法的基本原則，不得與憲法相牴觸。

第二層次：法律。憲法規定，全國人大及其常委會行使國家立法權。全國人大及其常委會制定的法律，是中國特色社會主義法律體系的主幹，規定國家發展中帶有根本性、全局性、穩定性

和長期性的問題。全國人大及其常委會制定的法律，確立了國家政治、經濟、文化、社會以及生態文明建設各個方面重要的基本法律制度框架，構成了中國特色社會主義法律體系的主幹，也為行政法規、地方性法規的制定提供了重要依據。

第三層次：行政法規。憲法規定，國務院根據憲法和法律，制定行政法規。行政法規是國務院履行憲法和法律賦予的職責的重要形式。行政法規可以就執行法律的規定和履行國務院行政管理職權的事項作出規定。行政法規在中國特色社會主義法律體系中具有重要地位，是將法律規定的相關制度具體化，是對法律的細化和補充。行政法規涉及行政管理的各個領域：政治、經濟、文化、社會事務等各個方面，對於實施憲法和法律，保障改革開放和社會主義現代化建設，促進經濟社會全面協調可持續發展，推進各級人民政府依法行政，發揮了重要作用。

第四層次：地方性法規。根據憲法和法律，省、自治區、直轄市和較大的市的人大及其常委會可以制定地方性法規。省、自治區、直轄市的人大及其常委會根據本行政區域的具體情況和實際需要，在不同憲法、法律、行政法規相牴觸的前提下，制定地方性法規。較大的市的人大及其常委會根據本市的具體情況和實際需要，在不同憲法、法律、行政法規和本省、自治區的地方性法規相牴觸的前提下，制定地方性法規，報省、自治區的人大常委會批准後施行。民族自治地方的人民代表大會有權依照當地民族的政治、經濟和文化特點，制定自治條例和單行條例，對法律和行政法規的規定作出變通規定，但不得違背法律和行政法規的基本原則，不得對憲法和民族區域自治法的規定以及其他法律、行政法規專門就民族自治地方所作的規定作出變通規定；自治區

的自治條例和單行條例報全國人大常委會批准後生效，自治州、自治縣的自治條例和單行條例報省、自治區、直轄市的人大常委會批准後生效。經濟特區所在地的省、市的人大及其常委會根據全國人大及其常委會的授權決定，可以根據經濟特區的具體情況和實際需要，遵循憲法的規定以及法律、行政法規的基本原則，制定法規，在經濟特區範圍內實施。地方性法規在中國特色社會主義法律體系中同樣具有重要地位，是對法律、行政法規的細化和補充，是國家立法的延伸和完善，為國家立法積累了有益經驗。

### 2、中國法律體系的部門

#### （1）憲法和憲法相關法

憲法是國家的根本大法，規定國家的基本制度，賦予公民憲法性權利和義務，設立中央國家權力機關，並賦予其職權；憲法相關法是與憲法相配套、直接保障憲法實施和國家政權運作等方面的法律規範，主要包括憲法設立的國家機構的具體產生、組織、職權和基本工作原則，民族區域自治制度，特別行政區制度，基層群眾自治制度以及國家標誌象徵方面的法律。

#### （2）民法商法

民法是調整平等主體的公民之間、法人之間、公民和法人之間的財產關係和人身關係的法律規範，遵循民事主體地位平等、意思自治、公平、誠實信用等基本原則。2020 年 5 月頒佈，並於 2021 年 1 月正式實施的民法典，是中國第一部綜合性民法典，其標誌着系統、完善的民事法律體系的定型化。商法調整商事主體之間的商事關係，遵循民法的基本原則，同時秉承保障商事交易自由、等價有償、便捷安全等原則。商法的主要法律，如公司法、產品質量法、對外貿易法大都由全國人大或其常委會制定。

中國已經形成了符合社會主義市場經濟發展，有利於進一步對外開放的商事法律體系。

（3）行政法

行政機關是國家最大的執法機關，負責全方位的國家事務管理。行政法是關於行政機關的設立、行政權的授予、行政權的行使以及對行政權監督的法律規範，調整的是行政機關與行政管理相對人之間因行政管理活動發生的關係。行政法遵循職權法定、程序法定、公正公開、有效監督等原則，既保障行政機關依法行使職權，又注重保障公民、法人和其他組織的權利。目前，中國已經形成了比較系統、完善的行政法律體系。

（4）經濟法

經濟法是國家從社會整體利益出發，對經濟活動實行干預、管理或者調控所產生的社會經濟關係的法律規範。經濟法為國家對市場經濟進行適度干預和宏觀調控提供法律手段和制度框架，保障市場的健康、穩定發展。防止市場經濟的自發性和盲目性所導致的弊端。改革開放以來，依據憲法規定的社會主義所有制形式和計劃指導經濟體制，國家主導了市場經濟體系下的經濟立法工作，目前已經形成了較為完備的經濟法律體系。

（5）社會法

社會法是調整勞動關係、社會保障、社會福利和特殊群體權益保障等方面的法律規範，遵循公平和諧和國家適度干預原則，通過國家和社會積極履行責任，對勞動者、失業者、喪失勞動能力的人以及其他需要扶助的特殊人群的權益提供必要的保障，維護社會公平，促進社會和諧。在經濟社會發展的同時，保證公民安居樂業，實現社會的公平是社會主義制度的本質要求。國家重

視公民的福祉，重視公民的基本生活保障，重視弱勢群體的實質
關懷。國家形成了基本的社會法律體系，並會進一步完善。

（6）刑法

刑法是規定犯罪與刑罰的法律規範。刑法通過規範國家對犯
罪的刑罰權，懲罰犯罪，保障國家安全，保護人民，維護社會秩
序和公共安全，保障國家安全。中國刑法確立了罪刑法定、法律
面前人人平等、罪刑相適應等基本原則。目前施行的刑法，頒佈
於 2011 年，並在其後經過八次修訂和九次法律解釋，是在國家管
轄範圍內（香港、澳門特別行政區除外）統一施行的刑事法律。

（7）訴訟與非訴訟程序法

訴訟與非訴訟程序法是規範解決社會糾紛的訴訟活動與非訴
訟活動的法律規範。訴訟法律制度是規範國家司法機關解決社會
糾紛過程中具體程序的法律規範，主要包括刑事訴訟法、民事訴
訟法和行政訴訟法。非訴訟程序法律制度是規範仲裁機構或者人
民調解組織解決社會糾紛的法律規範。目前在這個領域，國家都
制定了完備、系統的法律，在國內統一施行。

## 二、當代中國法律體系的特徵

中國具有自己的歷史文化傳統、具體國情和發展道路，與此
相適應，政治制度、社會制度和經濟制度等諸方面都有不同於其
他國家的特徵。中國特色社會主義法律體系，是中國特色社會主
義制度的重要組成部分，具有其鮮明的特徵。

### 1、中國特色社會主義本質

法律體系的本質，由國家政治及社會制度的本質決定。中國

是工人階級領導的、以工農聯盟為基礎的人民民主專政的社會主義國家。中國共產黨的領導是社會主義制度的本質特徵。社會主義制度是國家的根本制度，在社會主義初級階段，中國實行公有制為主體、多種所有制經濟共同發展的基本經濟制度，這就決定了中國的法律制度是社會主義的法律制度，所構建的法律體系必然是中國特色社會主義性質的法律體系。中國特色社會主義法律體系所包括的全部法律規範、所確立的各項法律制度，均有利於確立、鞏固和發展社會主義制度，充分體現人民的共同意志，維護人民的根本利益，保障人民當家作主。

### 2、法律體系統一和多層次

中國是統一的多民族單一制國家，各地經濟社會發展不平衡。中國憲法和法律確立了具有中國特色的統一而又多層次的立法體制，這就決定了中國特色社會主義法律體系內在統一而又多層次的結構特徵，也反映出法律體系自身的內在邏輯，符合中國國情和實際。法律體系的四個層次立法由不同立法主體按照憲法和法律規定的立法權限制定，具有不同法律效力，但都是中國特色社會主義法律體系的有機組成部分，共同構成統一整體。不同的部門法規範了不同領域的法律關係，設定了不同的權利和義務，但他們同樣構成了一個統一的整體。

### 3、中國傳統法律和人類法律文明的結合

中華民族五千年的歷史，積累了豐富、優秀的法律思想、制度規範和經驗，植根於中國的社會和文化；時代在發展，當代中國又不同於傳統中國，有社會發展出現的新情況、新需要，中國的法律體系適應社會主義現代化建設需要，實現了傳統法律與現代法律的融合。同時，借鑒國外立法有益經驗，吸收國外法制文

明先進成果。

### 4、動態開放、與時俱進

中國處於並將長期處於社會主義初級階段，社會主義制度還需要不斷自我完善和發展，這決定了中國的法律體系具有穩定性與變動性、階段性與連續性、現實性與前瞻性相統一的特點。可以預計，在今後相當長時間中國法律體系是動態的、開放的、發展的，會伴隨中國進一步開放、經濟社會發展和法治國家建設的實踐不斷發展完善。法律體系一方面表現為適應社會發展，對原有法律進行修訂；另一方面，對新出現的社會領域，制定相應的法律予以規範。


# 第三節　當代中國法律的作用和未來發展

## 一、當代中國法律的作用

法律是調整社會關係和社會成員的具有約束力的規範。從統一的中央集權國家建立之初，中國傳統法律就在國家、經濟發展、社會治理中發揮着巨大的作用。在社會發展快速、社會變革加劇的當代，法律在社會主義現代化強國建設的過程中，發揮着越來越重要的作用。以下僅就幾方面的重要作用做簡介：

### 1、維護社會秩序

國家和社會平穩運轉，需要良好的社會秩序。法律是維護社會秩序最重要的手段：刑法規定犯罪和刑罰，設立了個人行為的最低標準，給全體社會成員以明確的行為指引；民法涵蓋了公民的財產權、人身權、家庭權、繼承權等多方面的權利，設立了公

平、合理、平等的社會關係，為公民提供全面的權益保障；行政法規定了國家行政機關的行政管理權責（包括維護社會治安、陸海空交通秩序等）、行政行為的程序以及公民與行政機關的關係，為社會正常運轉提供法律基礎；司法程序法規定了刑事、民事及行政訴訟程序，保障了法律糾紛得到公平、公正、及時的解決。

### 2、促進經濟發展

當代中國最主要的國家職能是通過法律的制定和實施組織和促進社會生產和經濟發展。民商法規範了生產資料的法律屬性和物質確定性，為生產奠定了物質基礎；合同、侵權等法律為資產的流轉和運行設定了順暢的流程和程序；公司法規定了公司的設立、組織結構、股東權益等方面的內容，設立了經濟活動的主要主體和活動方式；反壟斷法旨在防止市場主體濫用市場支配地位，保護公平競爭，促進市場經濟的健康發展；知識產權法保護企業的商標、專利等知識產權，鼓勵創新，促進市場經濟的發展；稅收法規定稅收的種類、徵收範圍和稅率，為國家向社會提供公共產品服務、促進經濟平衡發展提供必要的資源；外貿法為企業參與國際貿易提供了法律保障，鼓勵了對外貿易的發展；外商投資法為外商投資提供了公平待遇和保護，為外商投資創造了良好的營商環境。

### 3、維護國家主權、領土完整和安全

國家主權是國家在其領土範圍內行使最高的權力，不受任何外來勢力干涉。領土完整則是國家領土的完整性和不可分割性。在現代社會，法律在維護國家主權和領土完整方面發揮着重要作用：中國憲法規定維護國家主權、領土完整的憲制目標、要求，設立中央軍委履行相關的職權，賦予公民以服兵役、維護國家安

全的義務；國防法規範國防建設和軍事活動的基本法律，明確國防政策、軍事力量建設、國防動員等方面的方向；兵役法和現役軍官法規定國家武裝力量的人員組成和內部結構，為維護國家安全提供法律組織保障；國家安全法確立總體國家安全觀，設立了系統的國家安全體制和機制；邊境管理法規定國家邊境的管理和保護；反分裂法旨在防止國家領土分裂，維護國家的統一；網絡安全法規定網絡空間的管理、監管和保護措施，防止網絡空間的犯罪行為和外部干擾。

### 4、繁榮傳承文化

法律在發展、保護文化方面扮演着重要角色。國家憲法明確要保護、傳承優秀的文化遺產；文化遺產保護法規定文化遺產的保護、修復、開發利用以及管理；著作權法規定著作權的產生、內容、保護期限、轉讓以及侵權責任，保護並鼓勵作者創作和創新；藝術品保護法規定藝術品的創作、鑒定、經營、收藏以及知識產權保護等方面的內容，鼓勵藝術品市場的健康發展；國際文化交流法規定國家在國際文化交流方面的政策、原則和措施，對國際文化交流活動予以支持並進行規範，推動國內外文化交流，提升國家文化軟實力；互聯網文化管理法規定互聯網文化產業的發展、管理和監督，規範互聯網文化市場，鼓勵合法、健康的網絡文化傳播，為文化交流與創新提供廣闊的平台；廣播電視法規範廣播電視行業的發展、管理，對廣播電視節目的創作、製作、傳播和版權保護作出規定，鼓勵廣播電視行業的創新與發展，推動文化交流；圖書出版管理法規定圖書出版行業的准入、管理和監督，鼓勵圖書出版行業的創新與發展，促進文化傳播。

## 二、當代中國法律面臨的挑戰與機遇

當前世界政治、經濟、社會快速發展，社會運轉方式和人的思想觀念、行為模式發生了很大的變化。雖然當代中國法律發展快速，但依然面臨着社會發展帶來的挑戰。

### 1、全球化的挑戰

當前全球化還在快速發展過程中，各國政治、經濟制度不同，利益需求不同。在國際貿易中，貿易爭端頻繁，涉及關稅、非關稅壁壘、貿易制裁、知識產權保護等諸多方面。中國法律一方面需要進一步與國際貿易體系接軌，另一方面也要在平等、公平、開放的原則下，推動更加合理的國際貿易規則、秩序的形成。保護國內企業的合法權益和國內市場的健康發展。在國際貿易爭端解決過程中，加強國際合作，妥善解決爭端，共同制定更加公平、合理的國際貿易規則。

隨着全球化的加速和科技的發展，跨國犯罪也越來越複雜，給國際社會帶來嚴重的安全和法律挑戰。如：非法販運和銷售毒品，拐賣婦女、兒童，將犯罪所得通過各種途徑轉化為合法資產，利用網絡技術進行詐騙、侵犯知識產權、傳播淫穢物品、竊取個人信息等。應對跨國犯罪需要國際社會共同努力，建立合作機制；同時也要完善國內法律法規，有效防範和打擊跨國犯罪，維護國家和中國公民的合法權益。

### 2、現代科技發展的挑戰

信息技術的快速發展，推動了社會生產力的發展，豐富了人類的物質和精神生活，但也給社會帶來了衝擊，給法律帶來了挑戰。如何在互聯網時代保障數據安全與隱私保護，如何確保網絡

運營者、服務提供商以及企業合法運營，防止數據泄露、篡改和破壞，如何加強公共安全和國家安全領域的數據保護，這些領域都需要加強立法研究，制定符合實際的法律法規。尤其值得密切關注的是人工智能（AI）領域。人工智能（AI）的發展和應用，提高了生產效率，推動了科研進步，改善了生活質量。但 AI 發展也可能帶來一系列問題。如社會失業面擴展，社會不平等加劇，倫理和道德問題，安全性和可控性問題，人工智能在軍事領域的應用，以及人工智能應用引起的法律責任歸屬問題。人工智能（AI）領域，既需要法律體系不斷調整和更新，更需要研究制定新的法律，為 AI 的健康、可持續和公平發展提供堅實的法律保障。

### 3、社會變遷對法律的挑戰

社會經濟的快速發展，帶來了日益嚴重的環境問題。廢氣、廢水和固體廢物排放，噪聲和輻射污染，生態系統失衡，入侵外來物種管理，能源與資源的合理利用，清潔能源發展和綠色產業，應對全球氣候變化等領域的問題，嚴重影響人類的可持續發展，迫切要求國家加強立法研究和進行立法，並加強國際合作。

第二章

當代中國憲法
和憲法制度

憲法是國家的最高法律。中國憲法是中華民族五千年國家社會治理經驗、馬克思主義國家學說相結合的產物，是當代中國現實和未來發展方向的最高法律表達。

# 第一節　中國憲法的歷史發展

## 一、傳統中國社會與憲制性法律

中華民族延綿五千年，生生不息，創造了燦爛的文明。在中華民族的發展過程中，逐步產生和形成了符合實際的國家制度和法律制度，其中包含着現代憲法的重要原則和制度。在傳統中國，儒家思想長期佔據主導地位，是國家的意識形態。在國家治理上，提倡以倫理、道德、禮儀引導民眾，充分發揮國家在組織、協調社會生產和經濟活動中的功能作用，主張德治與法治相結合、德主刑輔，注重發揮宗族和鄉規民約在社會基層的治理作用。

### 1、大一統的中央集權體制

大一統體制是傳統中國中央集權制的政治制度。這一制度的

主要特點包括中央集權、系統的官僚制度、單一制性質的國家結構形式和規範的地方行政區劃。在這一體制下，皇帝是國家的最高統治者，擁有至高無上的權力；中央政府設有各種職能部門，如中書省、尚書省、門下省等，負責處理國家政務。地方行政區劃清晰，分為省、州、縣等層級，各級官員負責管理各自的行政區域。國家實行統一的文字、貨幣、度量衡和稅收制度，以及鹽鐵官營。

### 2、以人為本

以人為本是傳統中國最具影響力的理念，強調人的價值、尊嚴和權益，認為政治和社會管理的根本目的是百姓的福祉和幸福。「民為重，社稷次之，君為輕」對君王和社會的管理者具有很大的思想和行為約束力。這些理念體現在國家治理的法律和措施中：倡導君主和官員要關愛百姓、治理國家，為人民提供安定、和諧的生活環境。政府修建道路、水利，為農業生產和貿易提供便利，促進經濟發展；在發生自然災害時，政府組織賑災，對受災地區給予財政援助。在邊疆地區修築長城、烽火台、關隘、寨堡等，發展強大的軍隊，加強邊防，保護中原地區免受劫掠，維持安寧的社會生活。

### 3、系統的行政官僚體系

傳統中國有非常系統、穩定的官僚體系，以維護國家的統一管理和政治、法律、社會穩定。其中兩個方面歷史悠久，制度獨特：一是科舉制度。科舉制度是中國傳統社會通過系統、嚴格的考試選拔官員的一種制度。科舉制度為社會提供了向上流動的渠道，使平民有公開、平等機會參加國家考試，優秀人才按照考試成績區分等級入朝為官，服務社會。科舉制度不僅是國家管理者

的選拔制度，還對保持社會經濟持續發展、維護社會穩定、推動文化發展等方面產生了深遠的影響。二是監察制度。中國傳統中央集權下，設立專門機構，如御史台、都察院等。監察機構政治上相對獨立，其職能專門負責監察和糾正官員的不當行為。監察機構有權對任何官員進行調查和處理，可以罷免、降職、刑事追究等。此外，還有巡視制度，即中央派遣巡視員（欽差大臣）巡查各地，就特殊情況和地方事務了解情況，向中央報告、提出處理意見。監察制度有助於及時發現和糾正地方政府和官員的不當行為，確保中央政策得以貫徹執行。

### 4、邊疆區域治理制度

傳統中國在邊疆治理方面，根據不同的情況，採用不同的制度。主要有以下幾種：一是設立中央直接控制的行政單位，如都護府、節度使等，負責管理邊疆地區的政務。二是屯田制度。中央政府在邊疆地區設置軍事駐地，派遣士兵和官員耕種土地，以此為基地加強邊防建設、發展邊疆經濟，平時耕種，戰時作戰，保障邊疆地區的安全。三是羈縻管理。羈縻管理是對邊疆少數民族區域的一種靈活、包容性的管理方式。如建立朝貢體制、採取和親政策來對邊疆地區實行有效控制。在羈縻管理方式下，少數民族地區享有很大程度的自治權，中央政府確認並冊封該區域的行政領導，允許地方少數民族、地方區域保留其原有的管理體制和社會組織，中央政府設立專門部門或派遣官員與地方首領建立聯繫，以實現對地方的有效管理和監督。

傳統中國的上述法律制度對於中華民族幾千年的歷史發展產生了深遠的影響，有些制度的合理部分傳承至當代中國的憲制性制度體系之中。

## 二、當代中國憲法的發展

### 1、社會動盪時期的立憲

1840 年後，西方列強侵入中國，清王朝內憂外患、風雨飄搖。第一次鴉片戰爭、第二次鴉片戰爭、中法戰爭、中日甲午戰爭敗績後，清王朝簽訂了一系列喪權辱國的不平等條約，割地賠款，喪失主權，成為半殖民地半封建社會。1906 年，清政府宣佈實行預備立憲，參照君主立憲體制，於 1908 年頒佈《欽定憲法大綱》，制定了君主立憲的制度方案，以新的法律形式確認君上大權，以期維護專制統治。

1911 年，孫中山領導辛亥革命，廢除了封建帝制，創立了中華民國。孫中山主持制定《中華民國臨時約法》，在中國歷史上首次以根本法的形式廢除了在中國延續兩千多年的帝制，確立了主權在民原則，具有重大進步作用和積極歷史意義，但社會動盪，無法實施。

1931 年，南京國民政府制定了《中華民國訓政時期約法》。《訓政時期約法》奉行「三民主義」，確立主權在民原則，設立行政院、立法院、司法院、考試院、監察院在內的五院國家體制。1946 年，國民黨政府通過了《中華民國憲法》。這部憲法形式上承襲了歐美國家的議會制，體現一定的民主原則，但確立的仍是專制的政治體制。

### 2、中華人民共和國的憲法發展

1927 年，中國共產黨創建革命根據地，建立了工農民主政權——蘇維埃政權。1931 年，制定、通過了《中華蘇維埃共和國憲法大綱》。《憲法大綱》明確了中華蘇維埃共和國的政治制

度是工農兵蘇維埃代表大會制度。中國共產黨領導中國人民經過艱苦卓絕的鬥爭，取得了土地革命、抗日戰爭、解放戰爭的偉大勝利，建立了人民當家作主的中華人民共和國。1949 年 9 月，在中國共產黨主持下，中國人民政治協商會議制定、通過了《中國人民政治協商會議共同綱領》。《共同綱領》規定了總綱，設立了政權機關，規定了國家實行的軍事制度、經濟政策、文化教育政策、民族政策和外交政策。《共同綱領》在中華人民共和國成立初期起到了臨時憲法的作用。中國人民政治協商會議第一屆全體會議選舉產生了中央人民政府主席、副主席和委員，組成了中央人民政府委員會；通過了中華人民共和國國都、紀年、國歌、國旗議案。

1954 年 9 月召開了第一屆全國人民代表大會，大會通過了中華人民共和國第一部憲法——1954 年憲法，確立國家的人民民主專政性質，設立了人民代表大會制度、民族區域自治制度，規定了公民的基本權利和義務。1954 年憲法的實施，鞏固了人民民主專政的國家體制，促進了國家由新民主主義向社會主義過渡。

1982 年，在改革開放，發展社會主義民主、加強社會主義法制的背景下，第五屆全國人民代表大會在 1954 憲法的基礎上，制定、通過了新憲法。憲法包括：序言、總綱、公民的基本權利和義務、國家機構等重要內容，形成了符合國家實際情況和未來發展的憲治制度，為推進改革開放、健全社會主義民主與法制發揮了重要作用。在改革開放和社會發展進程中，全國人大根據國家發展的實際情況和需要，分別於 1988 年、1993 年、1999 年、2004年和 2018 年對憲法進行了五次修改。

# 第二節　憲法確立的國家基本制度

憲法是國家的最高法律，憲法最重要的功能就是確立國家基本目標和規定國家實行的最基本的制度。

## 一、國家性質和目標

中國憲法在序言和總綱中規定了國家的性質和基本目標。

### 1、國家性質

國家性質是國家的本質和國家權力的來源和歸屬。中國憲法規定：「中華人民共和國是工人階級領導的、以工農聯盟為基礎的人民民主專政的社會主義國家。」「中華人民共和國的一切權力屬於人民。」國家權力來自人民，國家權力的行使依靠人民，國家權力最終服務於人民。該國家性質是設立國家政治、經濟、社會制度的方向和基礎。

### 2、國家的基本目標

憲法確立國家最基本的目標，宣告國家的價值取向、發展方向和根本任務。中國憲法確立的國家目標包括：維護國家獨立、主權、統一、尊嚴和安全、完成統一祖國大業；國家的根本任務：沿着中國特色社會主義道路，集中力量進行社會主義現代化建設，堅持改革開放，推動物質文明、政治文明、精神文明、社會文明、生態文明的協調發展，把國家建設成為富強、民主、文明、和諧、美麗的社會主義現代化強國，實現中華民族偉大復興。

## 二、國家基本的政治制度

根據憲法的規定，國家基本政治制度包括中國共產黨領導的多黨合作和政治協商制度、民族區域自治制度以及基層群眾自治制度。

### 1、中國共產黨對國家的領導

中國共產黨是中華人民共和國的締造者，是中國的執政黨，在國家治理和發展中發揮核心領導作用。憲法明確規定：「中國共產黨的領導是中國特色社會主義最本質的特徵。」黨對國家的領導是全方位的，是對國家立法、行政、司法、監察等所有國家機構和國家戰略方向的掌握。黨對國家機構的領導，不是代替國家機構工作。中國共產黨的方針、政策，要遵循法定程序，經過最高國家權力機關轉化成國家的法律，使「黨的領導」與人民當家作主、依法治國有機統一起來。憲法中明確規定：「禁止任何組織或者個人破壞社會主義制度」。憲法規定的這一禁止包含了禁止推翻和顛覆中國共產黨的領導和執政地位。

### 2、中國共產黨領導的多黨合作與政治協商制度

中國共產黨領導的政治協商制度是在中國共產黨領導下，各民主黨派、無黨派人士、各人民團體和各族各界代表人士共同參與國家政治生活，通過協商解決國家和社會重大問題的制度安排。政治協商制度的主要形式是中國人民政治協商會議（簡稱全國政協）。參加政治協商會議的有八個民主黨派：中國國民黨革命委員會（簡稱「民革」）、中國民主同盟（簡稱「民盟」）、中國民主建國會（簡稱「民建」）、中國民主促進會（簡稱「民進」）、中國農工民主黨（簡稱「農工黨」）、中國致公黨（簡稱「致公

黨」)、九三學社、台灣民主自治同盟（簡稱「台盟」）。各參政黨在中國共產黨領導下，平等協商、充分溝通，就國家政治、經濟、文化和社會事務等重大問題進行討論，尋求共同立場，推動國家政策的制定和實施。政治協商制度中賦予政協重要的監督職能。全國政協及各級地方政協可以就國家政策和法律法規的執行情況進行監督，提出改進和完善的建議。全國政協每年召開一次全國政協全體會議，各級地方政協也定期召開全體會議，就重大議題進行協商、討論和提案，為政府部門和有關機構提供決策參考。

## 三、公民的基本權利與義務

憲法規定了公民廣泛的權利、自由以及義務。

### 1、公民的憲法權利和自由

憲法規定的公民權利主要指：政治權利：年滿 18 週歲的中華人民共和國公民，不分性別、民族、種族、職業、家庭出身、宗教信仰、教育程度、財產狀況、居住時間，都有選舉權和被選舉權，以各種形式參與國家重大事務的決策，對國家機關和工作人員提出建議、批評和監督的權力；言論自由：公民有言論、出版、集會、結社、示威的自由和宗教信仰自由；人身權和人格尊嚴：公民的人身自由受法律保護，禁止非法拘禁、逮捕和侵犯人格尊嚴；公民有婚姻生育的權利，有遷徙自由；社會保障權：公民有受教育、勞動、享受失業、疾病、老年等方面社會保障的權利；財產權：國家依法保護公民的合法財產，禁止非法侵佔、侵犯公民財產。

### 2、公民的憲法義務

憲法規定了公民應履行的義務：遵守憲法和法律、法規的義

務;維護國家的獨立、尊嚴、榮譽和安全的義務;服兵役保衛祖國、捍衛國家主權、統一、領土完整的職責。保守國家機密、維護社會公共安全的義務;依法納稅的義務;保護生態環境、節約資源的義務;保護國家公共財產的義務;維護家庭和睦、教育撫養子女、尊敬和贍養父母的義務。

## 四、國家基本的經濟制度

憲法對國家基本的經濟制度有明確的規定:在生產資料的所有制方面,憲法規定社會主義經濟制度的基礎是生產資料的社會主義公有制,實行公有制為主體、多種所有制經濟共同發展的基本經濟制度。公有制是全民所有制和集體所有制。全民所有制包括除集體所有之外的全部土地、礦山等自然資源和由國家掌管的企業資產。集體所有制主要包括農村絕大多數的土地和勞動群眾集體所有和運營的資產。全民所有制和集體所有制在國民經濟中佔據主導地位。憲法同時規定,國家實行社會主義市場經濟,國家通過經濟立法,完善宏觀調控,支持國有企業和集體經濟自主經營、民主管理。社會主義公有制經濟有助於保障國家安全,有利於調控市場,實現經濟平衡發展。在此基礎上,憲法也保護和鼓勵私有經濟的發展。

## 五、國家基本的教育文化制度

中國擁有悠久的歷史和豐富的文化傳統,社會主義制度重視人的全面發展,重視提高全民族的文化和精神素質。憲法規定:

國家實施九年義務教育制度，包括六年小學和三年初中教育；國家設立高中、職業技術教育、高等教育等不同層次的教育體系，提高教育投入，提升教育質量。同時鼓勵企業等社會力量興辦教育，為國家發展培養人才；國家通過普及理想教育、道德教育、文化教育、法律和法制教育加強社會主義精神文明建設；倡導社會主義核心價值觀，提倡愛祖國、愛人民、愛勞動、愛科學、愛社會主義的公德；國家通過各種形式發展有中國特色的社會主義文化，鼓勵文學、藝術創作，保護文化知識產權，為人民提供豐富多彩的文化生活。

## 六、國家基本的外交方向和政策

傳統中國歷來奉行和平發展的對外政策。中華人民共和國成立後，秉持傳統的外交理念，通過憲法明確了國家長遠的外交方向和政策。中國的前途是同世界的前途緊密地聯繫在一起的。中國憲法明確規定中國堅持獨立自主的外交政策，堅持相互尊重主權和領土完整、互不侵犯、互不干涉內政、互惠互利、和平共處的五項原則，堅持和平發展道路，堅持互利共贏開放戰略，推動構建人類命運共同體，為維護世界和平和人類進步事業而努力。

## 七、國家結構形式

國家結構形式是指國家總體與各構成部分之間的關係，即中央和地方的關係。國家結構形式一般分為單一制和複合制兩種。

單一制是若干普通行政單位或自治單位組成的單一主權國家，只有一部憲法，只有一個中央政權機關，各行政單位或自治單位受中央統一領導；每個公民只有一個國籍。中國憲法明確規定：「中華人民共和國是全國各族人民共同締造的統一的多民族國家。」中國屬於單一制的國家結構形式。

### 1、行政分級制度

在統一的中央政府之下，中國行政區劃分為省、市、縣、鄉四個層級，中央對地方進行分級管理。行政區劃分從上到下依次為：省級、地市級、縣級和鄉鎮級。省級行政區劃是中國最高層級的行政區劃，包括 23 個省、5 個自治區、4 個直轄市和 2 個特別行政區。23 個省：河北、山西、遼寧、吉林、黑龍江、江蘇、浙江、安徽、福建、江西、山東、河南、湖北、湖南、廣東、海南、四川、貴州、雲南、陝西、甘肅、青海。5 個自治區：內蒙古、廣西、寧夏、新疆、西藏。4 個直轄市：北京、天津、上海、重慶。2 個特別行政區：香港特別行政區、澳門特別行政區。台灣尚未統一，屬省級區劃。地、市級行政區劃是省級以下的行政區劃，共有 300 多個地市級行政區劃，包括地級市、自治州、盟。縣級行政區劃是地市級以下的行政區劃，包括市轄區、縣、自治縣、縣級市、旗、自治旗。鄉鎮級行政區劃是縣級以下的行政區劃，包括鄉、鎮、街道辦事處，是行政區劃的基層單位。各級行政區劃具有一定程度的自主性，但要受上級行政區劃的領導和監督。

### 2、民族區域自治制度

民族區域自治是在中央統一領導下，賦予少數民族聚居地區較大的管理本區域事務的權力，保障少數民族享有平等權利和較

大的發展機會。根據少數民族的人口分佈和歷史文化特點，中國在少數民族聚居地區設立自治地方。自治地方分為自治區、自治州和自治縣三個層次。目前，中國共有內蒙古、新疆維吾爾族、廣西壯族、寧夏回族、西藏藏族五個自治區，30個自治州和120多個自治縣。自治地方實行人民代表大會制度，人民代表大會由各族人民選舉產生，行使自治權力。自治區域的人民代表大會中，少數民族代表佔較大比例。民族自治地方設立人民政府，主要領導職務由本地區主體民族成員擔任。民族自治地方享有較大的自治權，包括制定自治法規、自主管理經濟、發展民族文化教育、保障少數民族權益等。

### 3、特別行政區制度

中國的特別行政區制度是特定的行政區劃，經全國人大通過專門立法設立，實行不同於國家總體的制度，實行「一國兩制」，享有高度自治權。目前中國有香港和澳門兩個特別行政區。

《中華人民共和國香港特別行政區基本法》和《中華人民共和國澳門特別行政區基本法》是全國人大依據憲法第三十一條通過的專門立法，設立了特別行政區，規定了中央和特別行政區的關係、特別行政區的政治制度、法律制度、行政管理等方面的基本原則和制度安排。特別行政區享有高度的自治權，包括行政權、立法權、獨立的司法權和終審權。按照兩部基本法的規定，兩個特別行政區保留原有的制度和生活方式五十年不變；基本法還授權兩個特別行政區發行自己的貨幣和護照。特別行政區行政長官是特別行政區的最高負責人。行政長官由特別行政區的選民協商式選舉產生，由中央人民政府任命。行政長官負責執行基本法和特區法律，向中央人民政府報告工作。特別行政區的立法機關為

立法會，由選舉產生的議員組成，負責制定、修改和廢止特別行政區的法律。立法會通過的法律須報全國人大常委會備案。特別行政區的司法機關依照基本法和特區法律獨立行使審判權，並享有終審權。特區法院在審理案件時，可以解釋基本法，但對中央管理的事務，特區法院須提請全國人大常委會解釋，特區法院須依照全國人大常委會對基本法有關的解釋進行裁判。特別行政區的外交和國防由中央人民政府負責。

# 第三節　憲法規定的國家權力機構

憲法設立國家機構，使行使公權力的國家機構具有憲法所賦予的權威性、合法性和穩定性，確保國家權力在法治軌道上運行。憲法設立的國家權力機構有：全國人民代表大會及其常委會、國家主席、中央軍委主席、國務院、監察委員會、最高人民法院和最高人民檢察院。

## 一、全國人民代表大會和常委會

憲法規定，國家的權力屬於人民，人民行使權力的機構是人民代表大會，全國人民代表大會是國家最高國家權力機構。全國人大由選舉產生的人民代表組成，任期五年。在全國人大休會期間，由全國人大常委會履行人大職責。

## 二、全國人民代表大會

全國人民代表大會（National People's Congress，簡稱全國人大或人大）是中華人民共和國的最高國家權力機關，代表人民行使國家權力。

全國人民代表大會代表由各省、自治區、直轄市、特別行政區和軍隊中的人民代表選舉產生的代表組成。全國人大代表的選舉和任期由《全國人民代表大會和地方各級人民代表大會選舉法》規定，全國人民代表大會代表的任期為五年。全國人民代表大會行使國家的最高權力，是國家主權的享有者和行使者，其主要職能：制定和修改憲法；制定和修改法律；決定國家主席、副主席，總理、副總理等國家領導人的任免；審查和批准國家預算和國民經濟發展規劃；監督國務院、中央軍事委員會、最高人民法院和最高人民檢察院的工作；決定國家的根本政策和重大問題。全國人民代表大會每年舉行一次全體會議，由全國人大常務委員會召集。全國人民代表大會會議在有過半數代表出席的情況下方可進行。全國人民代表大會通過的法律、決議和其他重要事項需經過出席會議代表的過半數同意。對憲法的修改，需經全體代表的三分之二以上同意。

## 三、全國人民代表大會常務委員會

全國人民代表大會常務委員會（National People's Congress Standing Committee，簡稱全國人大常委會）是全國人民代表大會的常設機構，由全國人民代表大會選舉產生，在全國人民代表大

會閉會期間行使人大權力。全國人大常委會由委員長、副委員長若干名、祕書長和委員若干名組成，任期與全國人民代表大會代表相同。全國人大常委會的職能和權力：解釋憲法，監督憲法的實施；制定和修改除由全國人大制定和修改之外的法律；解釋法律；審查和批准全國人民代表大會閉會期間的國家預算和國民經濟發展規劃的調整方案；在全國人民代表大會閉會期間決定國家主席、副主席、總理等國家領導人的任免；監督國務院、中央軍事委員會、最高人民法院和最高人民檢察院的工作；決定國家的根本政策和重大問題。全國人大常委會會議由委員長召集，每兩個月舉行一次會議。全國人大常委會會議的決議需經出席會議的過半數委員同意。全國人大常委會設立相關的專門委員會，負責研究有關法律、法規和政策問題。

# 四、國家主席

憲法設立國家主席。國家主席是中華人民共和國的國家元首，代表國家進行外交活動。國家主席由全國人民代表大會選舉產生，任期與全國人民代表大會代表的任期相同。國家主席的職責：代表國家進行外交活動，接受外國大使的國書；根據全國人民代表大會常務委員會的決定，簽署並公佈法律；根據全國人民代表大會和全國人民代表大會常務委員會的建議任免國務院總理、副總理、國務委員、各部部長、各委員會主任、審計長和祕書長；根據全國人民代表大會的決定，宣佈全國或者部分地區進入緊急狀態、宣佈戰爭狀態；根據全國人民代表大會常務委員會的建議授予國家的勛章和榮譽稱號；發表重要講話，就重大政

治、經濟、社會和外交問題表達國家立場和政策。

## 五、中央軍委主席

中央軍事委員會（Central Military Commission，簡稱中央軍委）是中華人民共和國最高軍事領導機構，負責全國軍事事務的統一領導。中央軍委主席是中央軍事委員會的最高領導人，領導中央軍委工作。中央軍委主席由全國人民代表大會選舉產生，任期與全國人民代表大會代表的任期相同。中央軍委主席的職責：領導中央軍委，對全國軍事事務進行統一領導；指揮全國武裝力量，確保國家安全和領土完整；制定和執行軍事戰略、政策和指導原則；領導和監督全國軍隊的建設、改革和現代化進程；在戰爭狀態下，指揮全國武裝力量開展軍事行動。

## 六、國務院

中華人民共和國國務院即中華人民共和國的中央政府，是最高行政機構，履行對國家全面的行政管理職能，向全國人民代表大會和全國人民代表大會常務委員會負責並報告工作。國務院由總理、副總理、國務委員、祕書長，以及各部部長、各委員會主任組成。國務院總理負責領導和組織國務院的工作，副總理和國務委員協助總理履行職責，負責特定政策領域或跨部門事務的協調和指導。國務院負責擬定並實施國家經濟社會發展計劃、國家預算；執行國家法律，制定和執行行政法規、規章；指導和管理全國的經濟、社會、城鄉建設、公共衛生、文化教育、科技、體

育、環境保護等方面的工作；管理和指導民族事務、宗教事務、僑務等方面的工作；指導和管理外事工作，維護國家的主權、安全、領土完整；維護社會治安，保障社會秩序；任免、培訓、考核、獎勵、懲處國家工作人員；應對重大自然災害、突發公共衛生事件、社會安全事件；發佈政府信息，引導輿論，傳播國家政策理念，增強人民群眾對國家政策的理解和支持。

## 七、監察委員會

　　監察委員會是中華人民共和國的國家監察機關，負責監察國家工作人員的行為，打擊腐敗，保障國家機構工作人員嚴格依法履行職責。國家監察委員會由全國人大選舉產生，負責全國監察工作。國家監察委員會由主任、副主任若干人、委員若干人組成。國家監察委員會主任任期同全國人大相同。國家監察委員會對全國人大負責。監察委員會監察國家工作人員的履職盡責情況，督促其依法行使職權；調查涉及國家工作人員的違法行為、職務違法行為和職務犯罪行為，依法採取措施查處違法違紀行為；對涉嫌職務犯罪的案件進行立案偵查，並依法移送檢察機關審查起訴；教育和督促國家工作人員遵守憲法和法律，維護國家和人民的利益，保障國家政治安全和政治紀律；受理和審查來自公民、法人和其他組織的對國家工作人員違法行為的舉報和控告。

## 八、國家審判機關

　　中華人民共和國人民法院是國家的審判機關，依照憲法和法

律對民事、刑事、行政等案件進行審判。最高人民法院院長由全國人民代表大會選舉產生。最高人民法院是國家最高審判機關，其組成包括院長、副院長、審判委員會和各審判庭。刑事審判庭、民事審判庭、行政審判庭和其他專門審判庭負責審理具體案件。人民法院負責審理涉及個人和企業之間的民事案件；涉及犯罪行為的刑事案件；涉及公民、法人和社會組織針對國家行政機關履行職責提起的行政案件。人民法院依法獨立行使審判權，依據事實和法律對案件作出裁判，維護社會的正常運轉和穩定。人民法院通過審判活動、普及法律知識，提高公民的法治意識。人民法院系統還設有海事法院、軍事法院、知識產權法院、金融法院等專門法院，負責審理特定領域的案件。

## 九、國家檢察機關

中華人民共和國人民檢察院是國家的法律監督機關，依法獨立行使檢察權。最高人民檢察院是國家最高檢察機關，檢察長由全國人民代表大會選舉產生，向全國人大負責，任期與同屆人大相同。檢察機關設有刑事檢察部門、民事行政檢察部門、公益訴訟檢察部門、偵查監督部門等，處理不同類型的案件和監督事項。人民檢察院的具體職權：刑事偵查、批准逮捕、提起公訴、審判監督與執行監督。通過行使檢察權，維護國家法制統一，維護國家安全和社會秩序，維護個人和組織的合法權益，維護社會公平正義。

# 第四節　憲制性國家標識

國家標識是代表國家獨立、主權和尊嚴的象徵性圖案或符號，國家標識通常包括國旗、國徽、國歌等。

## 一、中華人民共和國國旗

中華人民共和國國旗是五星紅旗，由紅色背景和五顆金黃色的五角星組成。主色為紅色，代表革命；五顆金黃色的五角星中，一顆較大的五角星位於左上角，代表中國共產黨，是領導的象徵；四顆較小的五角星環繞在大五角星的右側，代表中國各民族（工人、農民、知識分子和其他民主黨派），表示各民族在共產黨領導下緊密團結在一起；五角星的顏色金黃，象徵着光輝燦爛的事業。五星紅旗在國內外的重要場合懸掛，如政府機構、外交場合、國際賽事等。在國家重要紀念日和法定節假日，公共場所也懸掛國旗。

## 二、中華人民共和國國徽

中華人民共和國國徽由天安門、五星紅旗、齒輪和稻穗組成。天安門是國徽的主體，位於國徽的中央，代表着國家的獨立、尊嚴和民族復興；五星紅旗代表着中國共產黨的領導，以及各民族在党的領導下的團結；齒輪和稻穗代表着工人階級和農民階級，是中華人民共和國的基石；紅色橫幅寓意着革命、團結和進步；國徽的底部的紅色橫幅，上面書寫着「中華人民共和國」

（簡體中文）。中華人民共和國國徽在國家的重要場合懸掛，如政府機構、審判機構、檢察機構以及主要的公共外交場合。國徽也被廣泛用於政府公文抬頭和印章上。同時國徽在很多國家禮品、獎章和證書上也有出現，象徵着國家的榮譽和權威。

# 三、中華人民共和國國歌

中華人民共和國國歌是國家的音樂象徵,代表着國家的尊嚴、獨立和榮譽。中華人民共和國國歌的名稱為《義勇軍進行曲》,歌詞作者是著名詩人田漢,作曲家是著名音樂家聶耳。國歌歌詞充滿激情,反映了中國人民在中國共產黨領導下,艱苦鬥爭,為民族獨立、解放和國家富強英勇奮鬥的精神。國歌在國家的重要場合和慶典活動中演唱,如國慶、國際賽事、外交場合等。在國歌演唱時,全體在場人員應當肅立,向國旗敬禮,以示對國家尊嚴的尊重。此外,學校和其他教育機構在升旗儀式等活動中演唱國歌。

中华人民共和国国歌
（义勇军进行曲）

田 汉作词
聂 耳作曲

中华人民共和国国歌

（义勇军进行曲）

1 = G 2/4
进行曲速度

田 汉作词
聂 耳作曲

(1. 3 5 5 | 6 5 | 3. 1 5 5 5 | 3 1 | 5 5 5 5 5 5 | 1) 0 5 |
起

1. 1 | 1. 1 5 6 7 | 1 | 1 | 0 3 1 2 3 | 5 5 |
来！ 不 愿 做奴隶的人 们！ 把我们的 血 肉，

3. 3 1. 3 | 5. 3 2 | 2 - | 6 5 | 2 3 |
筑 成我们新 的 长 城！ 中 华 民 族

5 3 0 5 | 3 2 3 1 | 3 0 | 5. 6 1 1 3. 3 5 5 |
到 了 最 危 险的时 候， 每 个人被 迫 着发出

2 2 2 6 | 2. 5 | 1. 3. | 3 5 - |
最 后 的吼 声。 起来！ 起 来！ 起 来！

1. 3 5 5 | 6 5 | 3. 1 5 5 5 | 3 0 1 0 | 5 1 |
我 们万众 一 心， 冒 着敌人的 炮 火 前 进！

3. 1 5 5 5 | 3 0 1 0 | 5 1 | 5 1 | 5 1 | 1 0 ‖
冒 着敌人的 炮 火 前 进！前 进！ 前 进！ 进！

# 四、中華人民共和國地圖

　　中華人民共和國地圖展示了中國的國土範圍、行政區劃、主
要城市、河流、山脈以及海洋、海島等地理特徵。中國領土總面
積約為 960 萬平方公里。中華人民共和國分為省、自治區、直轄
市和特別行政區行政區劃。中國地形多樣，有山川、高原、丘陵
山地、沙漠和平原。長江、黃河、珠江和黑龍江是著名河流。中
國的海岸線總長約 18000 公里，東臨東海、南海和黃海三大邊緣
海，海域總面積約為 300 萬平方公里。主要島嶼有東海的釣魚島
及其附屬島嶼、南海的西沙群島、南沙群島、中沙群島等。海南
島和台灣島是較大的島嶼。中華人民共和國地圖由國家測繪局和
有關部門繪製，是官方正式的圖語文件。

# 五、中華人民共和國的官方語言文字

中華人民共和國的官方語言是漢語普通話，官方文字是漢字簡化字。

漢語普通話是國家法定的官方標準語言。普通話基於北京話的發音、北方方言的語法和現代白話文的詞彙形成。漢字簡化字是中國傳統漢字的一種簡化形式。漢字是表意文字，是中華文化的核心組成部分，也是世界上最古老的文字之一。漢字起源約公元前 14 世紀，經歷了甲骨文、金文、大篆、小篆、隸書、楷書、行書和草書等演變階段。20 世紀 50 年代，國家對漢字進行了簡化工作，確定簡化字作為官方標準文字。

漢語普通話和漢字簡化字廣泛應用於各級國家機構的官方文件、商業、教育、出版、廣播、電視、互聯網等領域。漢語普通話和漢字簡化字也是聯合國六種正式語言的一種，被用於正式文件、正式會議。在聯合國大會、安全理事會、經濟和社會理事會等主要機構的會議中，漢語作為官方語言之一，與其他官方語言享有平等地位。聯合國的正式文件，如決議、報告、公約等，都會被翻譯成漢語語言。

中華人民共和國是多民族國家，除漢族外，還有 55 個少數民族。許多少數民族擁有自己的語言和文字。中國政府尊重和保護少數民族的語言文化，支持少數民族語言文字的發展和傳承。在少數民族聚居地區，學校通常會開設少數民族語言課程，廣播電視台也會播放少數民族語言節目。在公共場合，如機場、火車站、地鐵站等，通常會使用多種語言（包括少數民族語言）提供導向和服務信息。

附：中央國家權力機構結構圖

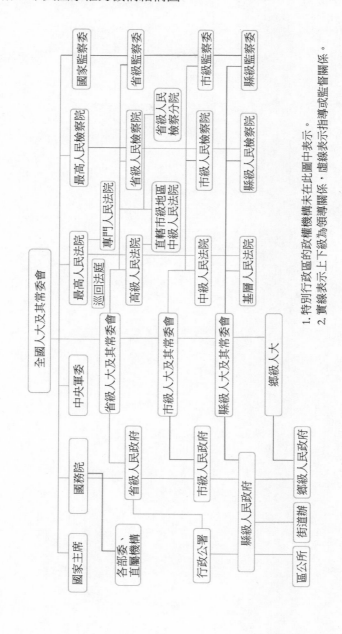

1. 特別行政區的政權機構未在此圖中表示。
2. 實線表示上下級為領導關係，虛線表示指導或監督關係。

# 第三章

# 當代中國行政
# 法律制度

當代中國行政法是中華人民共和國成立以來，特別是改革開放以來，關於國家的行政管理活動制定的法律法規體系，涵蓋了行政組織和權力、行政行為及效力、行政程序、行政監督和訴訟等多個方面。行政法的目的是規範行政權力的行使，保障公民權益，實現國家治理的法治化和現代化。

# 第一節　當代中國行政法概述

　　行政法主要調整行政機關與公民、法人和其他組織之間的法律關係。行政法以行政權力行使為基礎，規範行政權力的分配、行政職責的履行，對行政行為的監督和對公民、法人和其他組織合法權益的保護，以維護國家法制和社會秩序，促進社會經濟發展。

## 一、當代中國行政法的狀況

### 1、行政法的發展

　　行政法是近現代出現的名稱。但在傳統中國，規範國家機構及其對社會管理的法律早已存在。如，傳統中國的官制、土地、

稅收、兵役等律法，都屬現代行政法性質的法律規範。19 世紀末至 20 世紀初，隨着清朝末年的社會發展和民國時期的法制變革，西方行政法的概念和制度對中國產生了一定程度的影響，但中國行政法的發展還是取決於國內政治、經濟和社會環境的實際狀況。

中華人民共和國成立後，隨着社會、政治、經濟的發展，尤其是一切權力屬於人民的國家性質和社會主義公有制主導的經濟基礎的確立，行政法律制度日顯重要，並快速發展。改革開放以來，國家加快行政立法，吸收國際經驗，逐步完善現代行政法體系：在過去給行政機關充分授權的基礎上，陸續制定了《中華人民共和國行政處罰法》《中華人民共和國行政許可法》《中華人民共和國行政覆議法》和《中華人民共和國行政訴訟法》等重要法律，加強了對行政權力的監督，形成了行政機關權力和公民、法人及其他組織權益之間相對平衡的、系統的行政法體系。

**2、中國行政法的現狀**

經過改革開放四十多年的發展，中國行政法律制度也形成了較為完善的系統。

法律體系逐漸完善：中國行政法的法律體系已經較為完善，涵蓋了行政組織、行政許可、行政執法、行政監察、行政復議、行政訴訟等多個方面。這些法律為國家的行政管理提供了詳細的法律規範，保障了行政權力的合法行使和行政行為的合法性。

行政執法規範化：隨着法治政府建設的推進，行政執法逐漸規範化和程序化。行政機關在行政執法過程中，注重嚴守程序規定，提高行政行為的透明度和公開性，與公民、法人和其他組織良性互動，並保障他們的合法權益。

行政監督機制逐步健全：行政監督機制逐步建立、不斷完善，目前已形成包括人大對行政機關的監督、行政機關內部監督、社會監督等多層次的監督體系。強化了行政法律責任制度，行政機關和工作人員違法、越權行政須承擔法律責任，會受到嚴格追究。

行政救濟機制完善：行政覆議和行政訴訟作為行政救濟的主要途徑，為公民、法人和其他組織提供了法律救濟手段。《行政訴訟法》的制定和修改，《國家賠償法》的頒佈實施，進一步完善了行政救濟的法律途徑，有力地維護了當事人的合法權益。

### 3、依法治國與當代中國行政法

依法治國是國家憲法規定的一項國家治理原則，法律在國家治理和社會管理中發揮越來越大的作用。行政法是國家行政管理的法律規範。依法治國要求國家行政機關在履行職責、管理行政時嚴格執行法律規定。在中國的政治體制下，行政機關承擔着廣泛的國家管理職能。依法治國的憲法原則要求行政立法、行政執法和行政監督在目前的基礎上，進一步加強，切實做到在行政法領域有法可依、有法必依、執法必嚴、違法必究。在全球化、信息化背景下，行政法在發展過程中需不斷創新，以滿足國家和社會的發展需求。

## 二、當代中國行政法的基本原則

行政法的基本原則是行政法領域內具有普遍性和指導意義的法律原則。這些原則體現了行政法的基本價值和目標，對行政法的制定、實施、監督具有重要指導作用。

## 1、民主原則

民主原則要求行政機關應始終堅持以人為本的理念，關注公眾需求，提供高質量的公共服務。民主原則主要表現在：民主決策：行政機關在制定政策和規劃、實施重大項目等方面充分聽取民意，廣泛徵求各方建議，尊重民眾的意願和利益，決策內容體現民眾的訴求，增強決策的可接受度和執行力。民主監督：民主監督要求行政機關接受公民、法人和其他組織的監督，保障他們對行政行為提出質疑、舉報和投訴的權利。民主監督有助於發現和糾正行政行為的不當和違法現象，促進行政機關的自我完善和提高。公民參與：民主原則鼓勵公民積極參與行政管理，行使他們的民主權利。公民可以通過人民代表大會、參加公共事務的討論和決策、加入社會組織、向行政機關提供意見和建議等多種途徑，參與政策制定、行政管理和監督過程。

## 2、合法原則

合法性原則是行政法的一項基本原則，要求行政機關及其工作人員在行使權力和履行職責時，必須遵守法律、法規和其他規範性文件，確保行政行為的合法性。合法性原則體現了法治國家對行政權力的約束和限制，旨在保障行政決策和行政行為正確，保障公民權益。合法性原則要求行政機關及其工作人員在法律規定的權限範圍內行使權力和履行職責，沒有法律明確授權的行為都屬越權行為，屬於無效行為。行政機關及其工作人員需特別注意：在行使權力時，不得無故剝奪或限制公民的基本權利，如財產權、人身自由等。合法性原則賦予公民、法人和其他組織向法院提起行政訴訟，要求對行政行為是否符合法律規定，是否有效作出裁決。

### 3、合理原則

合理性原則要求行政機關在行使權力和履行職責時合乎常理、權衡各方利益，保證科學性和民主性，提高行政效率和公共滿意度。合理性原則在行政法中主要表現：依據事實和證據：行政機關在實施行政行為時，對事實進行充分調查和核實，避免基於錯誤或不完整的信息做出決策。平衡各方利益：行政機關在實施行政行為時，應綜合考慮國家利益、社會公共利益和各方利益訴求，力求在各方利益之間實現平衡。適度干預：行政機關在履行職責時，既要維護國家和社會公共利益，又要尊重市場經濟規律和公民自由。在必須採取措施時，要避免過度干預和權力濫用。創新和靈活：行政機關在實施行政行為時，應具備創新精神和靈活思維，適應不斷變化的社會和經濟環境，關注新問題，運用新方法、新技術，提高行政效能和公共服務水平。

### 4、程序原則

程序性原則要求行政機關在實施行政行為時，必須遵循法定的程序。這一原則強調程序公正對於實現實體公正的重要性，有助於保障行政行為的合法性、合理性和公正性。程序性原則具體內容：法定程序：行政機關在實施行政審批、行政處罰、行政徵收行為時，都應嚴格遵守相關法律、法規中明確規定的程序要求。違反法定程序會導致行政行為的無效或被撤銷。公開透明：程序性原則要求行政機關在行政決策和實施過程中，提高信息公開和透明度，在涉及公民、法人和其他組織重大利益的行政行為中，應當依法進行公開聽證，認真聽取相關個人、組織及團體的意見。

### 5、越權無效原則

越權無效原則是當行政機關、企事業單位或個人在行使權

力時超出法律賦予的範圍，其做出的決定或行為將被視為無效。越權無效原則體現了對行政機關和其他組織、個人權力的制約，確保其在行使權力時嚴格遵循法律法規的規定，防止權力濫用和不當干預。越權無效原則強調法律的權威性，要求各級行政機關和其他主體在行使權力時，必須遵循法定的職責和權限範圍；越權無效原則體現了公平正義的價值觀念，要求行政機關和其工作人員在行使權力時，不能因私利或其他不正當因素影響其決策，確保公共利益和公民權益不受損害。在實際運作中，對於越權行為，應通過行政覆議、行政訴訟等途徑進行糾正和追責。

### 6、效率原則

效率原則要求行政機關在履行職責和行使權力過程中，本着高效、經濟的資源配置和決策，提高行政管理的效能。效率原則要求優化行政組織結構，使其更加符合實際需要，提高行政效率。合理配置資源，降低行政成本；行政機關之間應加強溝通與協調，儘可能信息共享，避免重複勞動；減少不必要的環節和手續，提高行政執行力；充分利用互聯網和信息技術，推廣電子政務，減少人為失誤，實現資源的合理配置，提高行政管理的智能化水平。

# 第二節　行政機關依法行政

行政機關是執行法律法規、實施政策、管理公共事務的政府部門和機構，是國家行政權力的主要承擔者。

# 一、國家行政機關

## 1、國家行政機關依法設立

行政機關是行使國家和社會管理的公權力機關，必須依法設立。中央的行政機關，即國務院及其部委由憲法和法律設立，地方的行政機關按照國家行政區劃和行政管理體制由法律和地方性法規和規章設立。下級行政部門的設立除有法律依據外，還要通過上級主管部門的批准。中央行政機關負責全國性的行政管理工作，地方行政機關負責本行政區域內的行政管理工作。法律和法規明確行政機關的組成和內部結構，不同部門負責不同領域的行政管理工作。行政機關的領導由同級的人民代表大會選舉產生或由國家有關部門任命產生。行政機關根據實際需要確定人員編制和配置，工作人員由行政機關依法任用。

## 2、法律賦權

法律賦權是法律、法規將確定的權力和職責授予行政機關，使其能夠履行職能，維護國家利益、公共秩序。法律賦權給行政機關的權力主要有：行政立法權：行政機關可以在其職責範圍內制定行政法規、政府規章等規範性文件。行政立法是國家法律的組成部分，具有法律效力，對國家機關、企事業單位和公民具有約束力。行政執法權：行政機關根據法律授權，有權執行法律法規、實施行政管理，並對違法行為進行查處。行政執法權包括行政處罰、行政強制、行政徵收、行政許可等。行政管理和服務：行政機關根據法律賦予的職責，管理國家資產、經營管理國有企業、管理公共設施、為公眾提供公共服務。行政調解：行政機關在法律授權範圍內，可以對一些民間糾紛進行調解，及時解決社

會矛盾，促進社會和諧發展。

### 3、法律責任

行政機關的法律責任是指行政機關在履行職責過程中，如違反法律法規或侵犯公民、法人和其他組織的合法權益，應承擔相應的法律責任。行政機關的法律責任主要包括：行政賠償：當行政機關因違法行為損害公民、法人或其他組織的合法權益時，應承擔行政賠償責任。行政賠償責任的方式包括財產賠償經濟損失、道歉、恢復名譽等。行政處罰：行政機關工作人員違反法律法規，濫用職權或不履行法定職責時，需要承擔行政處罰責任。行政處罰責任包括警告、罰款、責任人員降級、撤職等。刑事責任：當行政機關的領導或工作人員在履行職責過程中，涉嫌犯罪行為，如受賄、濫用職權等，應依法追究刑事責任。

## 二、行政機關的功能和職權

中國傳統的國家職能和社會主義公有制主導的經濟社會制度決定了中國的行政機關與資本主義國家的政府部門有很大的不同。最大的不同在於直接向社會公民提供公共服務和管理、運營公共設施和國有資產。

### 1、制定和執行政策

行政機關的主要職能之一是制定政策。行政機關是運行系統工程，包含幾個非常重要的環節或階段：確定政策目標：行政機關根據法律明確的社會管理領域，全面了解有關情況和問題，掌握群眾訴求，確定政策目標；目標形成後，行政機關需要評估政策的可行性、成本效益和潛在影響。包括環境影響評估、社會

影響評估和財政影響評估等，確保政策符合社會實際，能夠有效地實現目標，避免不良後果。在政策實施過程中，行政機關需要不斷監測政策效果，根據實際情況和反饋進行調整，包括修改政策細則、調整資源分配和優化實施機制等。行政機關負責將政策轉化為具體的行動計劃，並指導下級機構進行執行，分配資源、制定時間表和任務分工等。行政機關需要對政策執行情況進行監督，確保政策得到有效實施，包括定期檢查、審計和評估等。對於執行不力或不合規的行為，行政機關需要採取糾正措施和制裁，以確保政策目標得到實現。行政機關需要從政策執行過程中收集反饋，以便對政策進行改進和優化，包括收集公眾意見、分析執行數據和評估政策效果等。通過不斷改進政策，行政機關能夠更好地滿足社會發展需要和公眾期望。政策終止與過渡：當政策目標已經實現或政策不再符合現實需求時，行政機關需要對政策進行終止或過渡。這可能包括廢止舊政策、制定新政策和實施過渡措施等。

行政機關向公眾和有關方傳達政策信息，以提高政策的知曉度和認同度，包括通過媒體發佈政策新聞、舉辦座談會和研討會、發佈宣傳材料等。此外，行政機關還需要對有關方進行政策培訓和指導，以確保他們了解政策要求並能夠有效執行。

### 2、提供社會公共服務

根據國家憲法和行政法的規定，行政機關承擔着向公眾和社會直接提供公共服務的功能和職責，旨在滿足公民和社會的基本需求，保障社會發展和公共利益。行政機關提供的社會公共服務包括廣泛領域：公共安全服務：行政機關負責維護公共安全，包括治安、消防、交通安全等。城市基礎設施服務：行政機關

負責提供城市基礎設施服務，包括供水、供電、供氣、排污等，此外，還要制定和實施城市規劃、基礎設施建設和維護等相關工作。交通服務：行政機關負責提供交通服務，包括公路、鐵路、航空、航海等公共交通，道路建設和維護、交通管理和規劃等。教育服務：國家教育行政機關負責制定和實施教育政策，確保公民接受基本教育。包括監管和支持公立學校、提供教育資源和資金、制定課程標準和教育改革等。醫療衛生服務：行政機關負責提供公共醫療衛生服務，包括管理和支持醫療機構、制定和實施醫療政策、保障基本醫療服務和公共衛生、應對突發公共衛生事件等。社會保障服務：行政機關負責制定和實施社會保障政策，以保障公民的基本生活，包括養老保險、醫療保險、失業保險、低保等各類社會保險和救助項目；為殘疾人、兒童、老年人等特殊群體提供保障和服務。環境保護服務：行政機關負責制定和實施環境保護政策，包括環境監測、污染防治、自然資源管理和生態保護等。文化和體育服務：行政機關負責提供文化和體育服務，包括監管和支持文化設施、組織文化活動、制定和實施體育政策等。應急管理服務：行政機關負責應對各種突發事件和危機，如自然災害、事故、公共安全事件等，需制定和實施應急預案、組織救援和救助、協調各方資源等。公共信息服務：行政機關負責提供公共信息服務，包括政府公告、政策解讀、數據發佈等。這有助於提高政府透明度，增進公眾對政策和政府工作的了解。

### 3、管理運營公共設施和國有資產

公有制下，行政機關代表國家掌管國有資產並直接掌管關係國計民生的關鍵的行業和領域，確保國家持續穩健運行、保持

經濟安全和社會穩定。國有資產主要是指公有制中國家所有的部分，涉及國計民生的諸多重大領域和行業，如能源：石油、煤炭、天然氣和電力等。金融：主要銀行和金融機構，如中國工商銀行、中國銀行、中國建設銀行、中國農業銀行、中國人民保險公司、國家開發銀行等。交通：鐵路、公路、航空、港口等交通基礎設施的統一管理和建設。通信：主要電信運營商，如中國移動、中國聯通、中國電信。國防工業：負責國防科研、武器裝備生產。航天：負責航天科研、衛星發射等方面的工作，如中國航天科技集團公司等。行政機關主要是國資委和中央有關部委要對國有資產進行有效運營：包括組織管理團隊、委任高級管理人員，制定國有企業的戰略發展規劃、經營目標、具體運營，管理人力資源、財務，企業創新與技術發展，國際合作與對外投資，審計、績效考核、風險控制，督促國有企業履行社會責任和保護環境，促進可持續發展。

### 4、維護社會秩序和穩定

行政機關負責維護社會穩定，確保國家安全。行政機關在維護社會秩序和穩定方面主要包括：公共安全：行政機關負責維護公共安全，包括治安、消防、交通、食品藥品等方面的安全。社會風險防控：行政機關要對社會穩定的潛在風險進行識別、評估和控制，採取教育、疏導消除風險隱患，制定突發事件應急預案、應急資源調度、救援隊伍建設等方面的工作。維護民族團結：行政機關要採取措施維護民族團結，促進各民族和睦相處，共同發展，包括民族政策制定、民族文化保護、民族地區發展支持。扶貧攻堅與社會保障：行政機關負責扶貧攻堅和社會保障工作，以減少貧困，保障群眾基本生活，包括扶貧政策制定、扶貧

項目實施、社會保障制度完善。行政機關在維護社會秩序和穩定方面發揮着關鍵作用，通過有效管理，維護社會秩序和穩定，保障國家安全、促進社會和諧，實現國家戰略目標和社會發展。

## 三、行政機關履行職責的方法

行政機關是國家行政權力的執行者，在履行職責過程中，行政機關需要依法採用多種方法和手段，實現國家行政管理的目標。通常將行政機關履行職責的方法稱為行政行為，並將行政行為分為抽象的行政立法行為和具體的行政行為。在此主要介紹具體的行政行為。具體的行政行為包括：行政指導、行政許可、行政合同、行政強制、行政處罰、行政覆議。

### 1、行政指導

行政指導（Administrative Guidance），是政府部門或機關向企業、組織或個人提供非強制性的建議或建議性規定，引導公眾的柔性管理方式。行政指導在行政管理中扮演着重要角色，可以引導公眾自覺配合政府管理。行政指導是非強制性政策工具，受指導對象可以選擇遵循或不遵循政府部門提出的建議。行政指導具有一定的道義約束力，企業和個人很大程度上會按照政府提出的指導方針行事，以避免潛在的負面影響。行政指導具有較高的靈活性，可以根據實際情況進行調整。使政府能夠針對特定問題提出更加合理和適用的解決方案，避免不必要的法律糾紛。行政指導的實施過程中，政府部門與企業、個人之間需要進行充分的溝通與協商，以確保雙方能夠達成共識。這種互動性有助於提高政策落實的實際效果，增強政府與社會各界之間的聯繫。行政指

導的主要目的是通過政府部門的建議和指導，幫助企業、個人更好地了解和遵守相關法律法規，提高其自律意識。行政指導具有一定優勢，但其非強制性可能導致一定程度的不確定性，在運用行政指導時，政府部門需要在確保政策目標與實際效果之間取得平衡。

### 2、行政許可

行政許可是行政機關依據法律、法規或規章的規定，在其職權範圍內，對涉及公共利益和公共安全的特定行為或活動進行審查、批准的一種行政行為。行政許可旨在對市場經濟秩序、社會安全等方面的公共事務進行有效監管，保障社會公共利益。行政許可由申請人提交申請材料，行政機關對申請材料進行審查，做出批准或拒絕的決定。行政機關應當將許可標準、程序和要求等信息向社會公開，接受公眾監督。申請人的申請如符合許可條件，行政機關應當予以批准；如果申請人不符合許可條件，行政機關應當予以拒絕，並告知申請人拒絕理由。行政許可的範圍涉及眾多領域，如工商註冊、建築施工、環境保護、食品藥品安全、衛生許可、教育許可等。不同領域的行政許可由不同的行政機關負責實施。行政許可具有法律效力，受法律法規約束，被批准許可的申請人只能在許可的範圍內從事相關的經營和公益性活動。行政許可具有時效性、地域性和專屬性。時效性是許可在一定期限內有效；地域性是許可在一定區域內有效；專屬性是許可僅對特定行為或活動有效。行政機關在實施行政許可過程中，如果違反法定程序和要求，需要承擔法律責任。

### 3、行政合同

行政合同是指行政機關與公民、法人或其他組織在法定權

限範圍內，依法訂立的具有法律約束力的合同。行政合同的主要特點是涉及行政機關的行使職權和履行職責，其目的是實現公共利益和社會管理。行政合同的幾個特點：主體：行政合同的主體一方必須是行政機關，另一方可以是公民、法人或其他組織。行政合同涉及的領域局限在政府履行職能的公共事務領域：如政府採購、基礎設施建設、土地使用權出讓等。行政合同的訂立、履行、變更、解除和終止等事項應當依據國家法律、法規和政策進行。行政合同的履行通常受到行政機關的監督和管理，以確保合同的順利完成和公共利益的實現。由於合同內容與行政管理有直接的聯繫，行政機關作為合同的一方當事人，在某些情況下，可以主導合同的變更、中止和廢止。如在某些情況下，行政機關可能需要根據國家法律、法規和政策的變化，或基於社會環境的重大變化，對合同條款進行調整，以至解除合同。對合同變化和解除合同給對方造成的損失，國家會視情況給予補償。

### 4、行政強制

行政強制是行政機關在履行法定職責過程中，針對不服從行政管理的市民和組織採取的強制性措施，以維護公共利益、法律秩序和社會穩定。行政強制通常作為行政監管和行政處罰的補充手段，使違法行為者糾正違法行為，恢復法律原狀。行政強制必須依據法律、法規或規章的規定進行。行政強制通常作為最後手段，僅在其他行政手段無法實現法律目的的情況下採用。在實施行政強制之前，行政機關通常應當先採取行政指導、行政約談、行政處罰等手段，盡量避免使用強制措施。行政強制措施包括：限制人身自由、查封、扣押、沒收、罰款、強制執行、強制停業、強制拆除等。行政強制的實施要依靠行政執法部門的強制執

行力量。在執行過程中，執法部門應當遵循法定程序和要求，確保強制措施的合法性、合規性和有效性。市民和組織對行政強制措施有異議，可以依法申請行政覆議或提起行政訴訟。行政機關的強制措施如果違反法定程序和要求，需要承擔法律責任。

### 5、行政處罰

行政處罰是政府部門在行使行政管理職能時，對違反法律、法規、規章等規定的個人、企業或組織實施的一種法定制裁手段。行政處罰旨在維護國家法制、維護社會公共利益和社會秩序。行政處罰是一種法定的、具有約束力的處罰措施。行政處罰必須依據法律、法規、規章等具有法律效力的規定實施，不得任意超越法定權限範圍。政府部門在實施行政處罰時，應當遵循法定程序，確保行政處罰的合法性。行政處罰具有強制性，被處罰的個人、企業或組織必須接受並執行政府部門的處罰決定。如果被處罰方不服從行政處罰，可以依法申請行政覆議或提起行政訴訟。行政處罰可以根據違法行為的性質、情節和危害程度，採取不同級別和形式的處罰措施，如警告、罰款、沒收違法所得、吊銷許可證或營業執照等。行政處罰要嚴格依法律規定的程序進行：立案：政府部門接到舉報違法行為後，應當依法立案調查。調查取證：政府部門應當依法進行調查取證，確保弄清事實真相。聽證：在做出行政處罰決定之前，政府部門應當告知被處罰方有關行政處罰的事實、理由和依據，並告知其有權申請聽證。如被處罰方提出聽證申請，政府部門應當依法組織聽證會，保障被處罰方的合法權益。政府部門在聽證會結束後，根據調查結果和聽證意見，依法做出行政處罰決定。處罰決定應當明確處罰事實、理由、依據、金額（如有）、履行期限等內容，並告知被處

罰方有權申請行政覆議或提起行政訴訟。執行處罰：政府部門應當按照處罰決定執行行政處罰。對於拒不執行處罰決定的被處罰方，政府部門可以依法採取行政強制執行措施。被處罰方對行政處罰決定不服的，可以依法申請行政覆議或提起行政訴訟。

### 6、行政覆議

行政覆議是一種行政救濟途徑，指公民、法人或其他組織對行政機關侵犯其合法權益的行政行為提出申請，要求上級行政機關或同級行政機關重新審查的制度。行政覆議旨在保護公民、法人和其他組織的合法權益，促進政府部門依法行政，維護社會公平正義和法治秩序。

行政覆議由公民、法人或其他組織主動提出申請。行政覆議可以由上級行政機關或同級行政機關進行，具體由法律法規規定。通常情況下，上級行政機關的覆議決定具有更高的權威性。行政覆議由專門負責行政覆議工作的行政機關或部門進行，以保證覆議程序的公正性和專業性。行政覆議只針對具體的行政行為，不涉及憲法、法律、法規、規章等立法、司法、監察等職能範疇。行政覆議程序：提出申請：申請人認為行政行為侵犯其合法權益時，應在行政行為做出之日起法定期限內向上級行政機關或同級行政機關提出行政覆議申請。申請書應包括申請人基本信息、被申請人信息、具體行政行為、申請理由和證據等內容。立案審查：行政覆議機關在收到申請書後，應在法定期限內審查申請書，判斷是否符合立案條件。符合條件的，予以立案；不符合條件的，做出不予立案的決定，並告知申請人。調查取證：行政覆議機關在立案後，應進行調查取證，了解案件事實、證據和相關法律法規，以確保覆議決定的公正性和正確性。審理：行政覆

議機關在調查取證結束後，根據案件事實、證據和法律法規，審理行政覆議案件。行政覆議機關應在法定期限內做出覆議決定。覆議決定應明確覆議結論、理由和依據，並告知申請人和被申請人。覆議決定通常有以下幾種結果：維持原行政行為、撤銷或變更原行政行為、責令被申請人重新做出行政行為等。被申請人應當按照覆議決定履行相關義務。如果被申請人不履行覆議決定，申請人可以向人民法院申請強制執行，或者請求覆議機關責令被申請人履行相關義務。

# 四、行政機關公務員

公務員是在國家行政機關就職，擔任一定職位，履行法定職責的公職人員。《中華人民共和國公務員法》（以下簡稱「公務員法」）是規範公務員管理的基本法律。

## 1、公務員的法律地位

公務員通常通過國家統一招聘考試或地方政府招聘考試選拔。選拔程序包括報名、筆試、面試、錄用等環節。招聘考試內容包括確定的知識範疇和寫作能力的筆試，應聘工作崗位相關分析、解決問題能力的面試。考試合格者可經過法定的程序正式錄用為公務員。法律設立的公務員職務等級：公務員職務分為領導職務和非領導職務兩類。領導職務包括：國務院總理、副總理、國務委員，省部正職和副職級，廳局正職和副職級級，縣處正職和副職級，鄉、鎮正職和副職級等。非領導職務則按照職務的性質和層次劃分，大致分為巡視員、調研員、主任科員、科員、辦事員等；技術管理職務：指在國家行政機關及其工作部門從事技

術工作和技術管理工作的職務，如工程師、技術員等。

### 2、公務員的職責

公務員是國家公職人員，代表國家行使職權，享有相應的權利和義務。公務員為政府提供政策諮詢，包括政策研究、數據分析、情況彙報等。行政管理：公務員在各級政府和部門具體承擔行政管理工作，所涉及的領域包括：經濟與財政、城鄉建設、環境保護、公共安全、教育、衛生、社會保障、交通等方面。公務員在履行行政管理職責中，可依法查處違法行為、處理行政糾紛、維護社會穩定等；在突發事件（如自然災害、公共衛生事件、社會安全事件等）發生時，組織救援、協調資源、發佈信息、安撫民心。

### 3、公務員的培訓

國家對公務員有很高的專業素質要求：有關部門會按照有關規定，安排公務員接受崗前培訓，培訓內容涵蓋政治理論、業務知識、管理技能等。為不斷提高公務員的政治水平和業務能力，公務員須接受定期或不定期的在職業務培訓，接受公務員轉崗和晉升之前的專業培訓。在職培訓內容包括政策法規、專業知識、管理技能業務交流、實地考察、專題研討等。

# 第三節　行政訴訟

行政訴訟是為了保障公民、組織的合法權益，當有關當事人的合法權益受到行政機關和公職人員侵害時，向人民法院提起訴訟，請求人民法院依法裁決的法律制度，《行政訴訟法》於 1989

年 4 月 4 日通過，並於 1990 年 10 月 1 日正式生效，是規範行政
訴訟的基本法律。

# 一、行政訴訟概述

### 1、行政訴訟主體

行政訴訟的主體包括原告和被告。

原告：原告是認為自己的合法權益受到行政行為侵害的公
民、法人或其他組織。原告需要具備的條件：有直接利害關係：
原告與被告之間的爭議行政行為需具有直接利害關係，即行政行
為對原告的權益產生實質性影響。在訴訟時效內：原告需在法定
的訴訟時效內向法院提起訴訟，否則法院可能不予受理。行政覆
議程序：某些法律規定在提起行政訴訟之前必須先經過行政覆議
程序。如果覆議結果仍不能解決爭議，原告方可向法院提起訴訟。

被告：被告通常是行使行政職權的行政機關，如政府部門、
行政單位等。在行政訴訟中，被告是具有行政職權的機關，且其
行政行為與原告具有直接利害關係。被告在訴訟中負有證明其行
政行為合法性的責任，要向法庭提供證據證明其行政行為的合
法性。

### 2、行政訴訟類型

行政訴訟根據爭議的行政行為和訴訟請求的不同，分為不
同類型：行政處罰訴訟：原告認為行政機關對其做出的行政處罰
決定不當，可能涉及罰款、吊銷許可證、沒收財產等，向法院提
起行政處罰訴訟，請求法院撤銷或改變行政處罰決定。行政許可
訴訟：行政許可訴訟涉及行政機關對原告申請的許可、批准、

認證等事項。原告認為行政機關未依法給予許可或者不當地給予許可，可以向法院提起訴訟，請求法院撤銷、改變或確認行政許可決定。行政徵收訴訟：原告認為行政機關在徵收土地、房屋、財產等方面的行為不當或者違法，可以向法院提起行政徵收訴訟，請求法院撤銷或改變徵收決定，或者要求行政機關依法給予補償。行政合同訴訟：原告與行政機關之間的合同糾紛，如工程建設合同、土地使用權出讓合同、政府採購合同等。原告認為行政機關違約或者合同無效，可以向法院提起行政合同訴訟，請求法院判令履行合同、賠償損失或者確認合同的效力。行政賠償訴訟：原告認為行政機關的行為或者不作為導致其合法權益受到損害，請求法院判令行政機關承擔賠償責任。這類訴訟可能涉及財產損失、人身損害等方面的賠償。

### 3、行政訴訟的救濟方式

在行政訴訟中，法院可以採取的救濟方式：撤銷行政行為：法院審查後認為被告的行政行為違法，可以判決撤銷該行政行為。撤銷行政行為意味着該行政行為自判決生效之日起失去法律效力，行政機關需要重新做出符合法律規定的行政行為。變更行政行為：法院審查後認為被告的行政行為部分違法或者不適當，可以判決行政機關變更該行政行為。變更行政行為意味着行政機關需要按照法院判決的要求，對原行政行為進行調整，使其符合法律規定。行政賠償：如果原告因行政機關的行為或者不作為而受到損失，法院可以判決行政機關承擔賠償責任。賠償包括財產損失、人身損害等方面的賠償。信息公開：如果原告請求行政機關依法公開特定信息，如政策文件、環境信息、財政預算等，而行政機關未予公開或者公開信息不符合法定要求，法院可以判

令行政機關依法履行信息公開義務。履行行政合同：原告與行政機關之間產生合同糾紛時，如工程建設合同、土地使用權出讓合同、政府採購合同等，法院可以判決行政機關履行合同、賠償損失或者確認合同的效力。對於拒不履行法院判決的行政機關，法院可以採取強制執行措施，確保原告的合法權益得到實現。強制執行措施包括罰款、沒收財產、拘留等。

## 二、行政訴訟的主要階段及程序

行政訴訟程序主要包括立案、庭審、判決、執行等階段。

### 1、行政訴訟立案

行政訴訟立案是當事人向法院提起行政訴訟，法院對其提起的訴訟進行審查，決定是否受理該訴訟的過程。行政訴訟立案是行政訴訟程序的第一階段，具體程序和步驟：

立案條件：當事人提起行政訴訟應滿足條件：有具體的被告和具體的訴訟請求；屬於法院受理範圍內的行政案件；在法定期限內提起訴訟；符合管轄法院的規定；當事人有直接利害關係。立案材料：當事人在提起行政訴訟時，需要提交：訴狀、身份證明、與案件有關的證據材料。立案審查：法院對當事人提交的立案材料進行審查，確認原告、被告的資格，訴訟請求是否明確，案件是否屬於法院受理範圍，確認訴訟是否在法定期限內提起，案件是否符合管轄法院的規定；立案決定：根據立案審查結果，法院會做出相應決定：符合立案條件的，法院應予以立案，並通知原告；不符合立案條件但可以補正的，法院應告知原告限期補正；不符合立案條件且無法補正的，法院應做出不予立案的決

定，並告知原告；對於法院作出不予立案決定的，原告有權向上一級法院申請上訴。

### 2、行政訴訟庭審、裁決與執行

行政訴訟庭審是指在行政訴訟案件審理過程中，法院組織當事人、律師、證人、鑒定人等參與，通過公開審理、舉證、質證、辯論等程序來查明案件事實和法律適用問題的過程。

行政訴訟庭審的具體程序：開庭準備：法院在開庭前對案件進行審理前審查案卷材料、研究案件的法律問題，法院向原告、被告發出開庭通知。開庭程序：法庭核實當事人身份，確認原告、被告及其訴訟代理人。舉證：原告和被告分別提交證據材料，證明自己的主張，雙方當事人對對方提交的證據進行質證，質疑證據的真實性和合法性。法庭調查：法院對案件進行法庭調查，以查明事實和證據，如有證人、鑒定人或勘驗人，法院會安排他們出庭作證。法庭辯論：法庭組織雙方當事人進行法庭辯論，雙方可以對案件事實、證據和法律適用進行辯論。庭審結束後，法庭對案件進行審議，研究案件的事實和法律適用問題，並在法定期限內對案件做出判決或裁定，並將結果送達雙方當事人。上訴：如原告或被告對判決或裁定不服，可以在法定期限內向上一級法院提起上訴。上訴法院會對案件進行審查，做出終審判決。執行：判決或裁定生效後，如被告未履行法院判決或裁定，原告可以申請法院執行。法院根據執行程序對被告進行強制執行。

### 3、國家（行政）賠償

國家（行政）賠償制度是一種保障公民、法人和其他組織合法權益的法律制度。當行政機關及其工作人員在行使職權過程

中，因違法行為導致公民、法人或其他組織合法權益受到損害時，國家賠償制度便適用，以便為受害者提供賠償。《中華人民共和國國家賠償法》於 1994 年 5 月 12 日通過，是國家賠償的基本法律。

國家賠償主要包括：財產損失賠償：因行政機關及其工作人員的違法行為導致公民、法人或其他組織的財產損失，國家應當賠償其財產損失。人身損害賠償：因行政機關及其工作人員的違法行為導致公民的人身損害，國家應當賠償其醫療費、護理費、誤工費等。精神損害賠償：在特定情況下，如因行政機關及其工作人員的違法行為導致公民的精神損害，國家應當賠償其精神損害。國家（行政）賠償制度是為公民、法人和其他組織提供法律救濟的重要制度。通過國家（行政）賠償制度，行政受害者可以獲得合法的補償，制止行政機關濫用權力，保障社會公平正義。國家賠償制度還有助於提高行政機關的行政效率和公信力，鼓勵和監督行政機關依法行使職權，遵守行政法律法規。

國家司法機關或其工作人員，在司法工作中造成公民、法人損害時，適用行政訴訟法和國家賠償法。


# 結語：面向未來的中國行政法

現代社會的快速發展為公民帶來了高的生活水平和廣闊的發展空間，也給行政法和行政機關帶來了一系列挑戰：行政法要適應網絡時代的發展，解決網絡空間行政管理、數據保護和網絡安全等方面的法律問題；全球化和地區一體化進程的加速，使

國際事務和國內事務日益交織，行政法需要在國際法和國內法之間尋求平衡，處理好國際合作與國家主權的關係；行政法要適應社會多元化的發展，調整行政管理方式，保障不同群體的合法權益，實現社會公平與正義。現代社會對政府治理能力提出了更高要求，行政法要推進政府職能轉變，加強政府自身建設，提高行政決策、執行、監督的能力和水平。行政機關要優化行政管理方式，利用現代信息技術手段提高行政管理效率和透明度，實現政府治理的智能化和便民化；要借鑒國際先進經驗，推動行政法的發展與創新，為提高現代化國家治理體系和治理能力提供法治保障。

第四章

當代中國刑法

當代中國刑法是中華人民共和國法律體系中的重要組成部分，規定了犯罪的種類和具體罪名、對犯罪行為的刑罰，以維護社會秩序和公共安全，保障公民基本權利和自由。與刑法的實施相適應，中國還制定了系統的刑事訴訟法，為刑法的準確實施提供程序保障。

# 第一節　當代中國刑法

　　中國的刑法制度源遠流長，早在夏商周時代，就有了刑法方面的法律，戰國時期的法家學派對刑法的發展產生了深遠影響。在秦漢以後的成文法典中，刑法是骨幹、主要內容，隋唐以後刑法體系更加完善。晚清和民國時期，中國社會情況發生了巨大的變化，刑法受到了大陸法系的日本和德國刑法的較大影響。

## 一、當代中國刑法的歷史背景與發展

### 1、中國刑法的發展

中華人民共和國成立後，中國的刑法隨着國家政治、經濟和

社會的發展不斷發展、完善。現行的《中華人民共和國刑法》於1979年7月1日制定實施，是一部統一的刑法典。實施以來，經歷了多次修改，最近一次修訂於2021年3月。刑法作為統一的刑事法律體系，明確了犯罪和刑罰，規定了刑法的基本原則、刑法的適用範圍、犯罪構成、犯罪的種類和具體罪名、刑罰的種類和適用等內容。

## 二、刑法的適用範圍

### 1、刑法的地域適用

刑法的地域適用是指刑法適用的地域範圍，通常適用於一個國家的領土範圍之內，包括陸地、領海和領空，在該國家內發生的犯罪行為，都受到該國刑法的管轄。根據《中華人民共和國刑法》的規定，中國刑法適用於中華人民共和國領域內的所有犯罪行為，包括發生在陸地、內水、領海以及領空範圍內的犯罪行為。

### 2、刑法對人的適用

刑法通常適用於本國的所有公民，也稱為屬人管轄。中國刑法適用於中華人民共和國所有公民。對中國公民在境外的犯罪行為，刑法規定也適用中國刑法。但是，根據雙重刑事不罰原則，如果境外已經對該犯罪行為進行了處理，可以不再追究刑事責任。國家工作人員和軍人在境外的犯罪適用中國刑法。如果外國人在中國境外針對中國國家利益、公民、法人和其他組織構成犯罪，可以適用中國刑法。但同樣遵循雙重刑事不罰原則。如果該犯罪行為在犯罪人所屬國已做過刑事處罰，中國可不再追究其刑事責任。享有外交特權和豁免權的外國人的刑事責任，通過外交

途徑解決。

### 3、刑法的時間效力

刑法適用時間的規定主要涉及刑法的立法效力和犯罪行為的追訴時效。

時間效力：根據中國刑法的規定，刑法自公佈之日起施行。在刑法公佈之前發生的行為，適用舊刑法；在刑法公佈之後發生的行為，適用新刑法；如果在新舊刑法之間有重大差別，適用有利於被告人的規定。

犯罪行為的追訴時效：刑法規定的追訴時效是指從犯罪行為發生之日起到法律規定的期滿之日止。在追訴時效期滿後，不再對犯罪行為進行追訴。追訴時效的長短根據犯罪行為所處的刑罰等級而定。對於最高刑罰為死刑或無期徒刑的犯罪，沒有追訴時效；最高刑罰為有期徒刑的犯罪，追訴時效為二十年；最高刑罰為拘役、罰金的犯罪，追訴時效為五年。

## 三、刑法的重要原則

### 1、罪刑法定原則

罪刑法定原則是世界各國刑法理論與實踐中一項通行的原則。中國刑法規定：法律規定為犯罪行為的，依照法律定罪處刑；法律沒有明文規定為犯罪行為的，不得定罪處刑。這是罪刑法定原則的準確表述，任何行為只有在法律明文規定為犯罪並規定了相應刑罰的情況下，才能追究刑事責任。罪刑法定原則要求立法者對犯罪行為和相應的刑罰進行明確的界定，以便公民遵守法律規定。罪刑法定原則要求司法機關判斷犯罪和適用刑罰時，

必須嚴格遵循法律規定，確保刑事司法的公正和準確，防止濫用司法權力。罪刑法定原則有助於保護公民免受無端的刑事指控和處罰，維護公民的合法權益，尤其是人身權利和財產權利。

### 2、罪刑相適應原則

罪刑相適應原則是指刑罰應當與犯罪行為的性質、情節及犯罪者的刑事責任相適應。刑法規定：「對犯罪行為，應當根據犯罪事實、性質、情節、對社會的危害程度，依法給予相適應的刑罰。」對犯罪者量刑時應當考慮犯罪行為的性質、犯罪手段、社會危害程度、被害人的損失、犯罪嫌疑人的立功表現等因素，綜合判斷，給予適當的刑罰。刑法規定了管制、拘役、有期徒刑、無期徒刑、死刑和罰金等多種刑罰，以及剝奪政治權利、沒收財產等附加刑。這些刑罰應當根據犯罪行為的具體情況準確適用。在適用刑罰時，還要考慮刑法規定的刑事責任類型，如正犯、共犯、從犯、脅從犯、未遂犯以及自首、立功等；還要考慮刑法規定的從輕、減輕或者免除處罰。達到在定罪準確的前提下，做到量刑適當。

### 3、一罪一刑原則

一罪一刑原則，也稱「同一犯罪不受兩次處罰」原則，是指對於同一犯罪行為，只能依法追究一次刑事責任，並給予相應的刑罰。中國刑事訴訟法規定：「同一犯罪行為只能追究一次刑事責任。」這一原則旨在防止重複追訴和過度懲罰，保障被告人的合法權益。這一原則偵查機關、檢察機關和審判機關都須嚴格遵守。對於同一犯罪行為，只有最終審判結果（一審終審或者經過上訴和再審程序後的終審判決）具有法律效力，被告人在執行判決後，不得再次追究刑事責任。為了確保一罪一刑原則的實施，

刑事訴訟法設立了審判監督制度，如果發現存在違反一罪一刑原則的情況，可以通過再審程序予以糾正。這一原則也被嚴格應用於國際刑事司法合作的引渡制度中。

## 四、犯罪和犯罪種類

中國刑法明確規定了什麼是犯罪，以及犯罪的種類和具體罪名。

### 1、犯罪

中國刑法規定：一切危害國家主權、領土完整和安全，分裂國家、顛覆人民民主專政的政權和推翻社會主義制度，破壞社會秩序和經濟秩序，侵犯國有財產或者勞動群眾集體所有的財產，侵犯公民私人所有的財產，侵犯公民的人身權利、民主權利和其他權利，以及其他危害社會的行為，依照法律應當受刑罰處罰的，都是犯罪，但是情節顯著輕微危害不大的，不認為是犯罪。

中國的刑法規定和理論認為，犯罪的構成需包括四個要件：犯罪主體：是指實施犯罪行為的人，犯罪主體有的是一個人，有的是數人。公司、企業、事業單位、機關、團體實施犯罪的，構成單位犯罪，單位也可以成為犯罪主體。犯罪的主觀方面：是指犯罪主體對犯罪行為及其結果的心理狀態。犯罪主觀方面的心理狀態有兩種：一是故意，主觀上追求犯罪結果的心理狀態，如故意傷害罪的犯罪人希望並追求造成他人身體受到損傷的結果；二是過失，犯罪人主觀上並沒有追求犯罪結果，但具有疏忽大意的心理狀態，而造成犯罪結果的發生。犯罪的客觀方面：是指犯罪

人實施了具體的引起犯罪結果的行為，如盜竊罪中犯罪人採用隱祕方式獲取他人財物的行為。犯罪客體：是指受刑法所保護而被犯罪行為所侵害的社會關係，如人身權利、財產權利等。判斷一個行為是否構成犯罪，要結合實際，對這四個要件是否存在作綜合分析。

## 五、犯罪類型

中國刑法分則根據犯罪的具體行為所侵犯的客體，將犯罪分為十類。

### 1、危害國家安全罪

危害國家安全罪，是指故意實施危害中華人民共和國的主權、領土完整與安全，顛覆國家政權、推翻社會主義制度的行為。刑法在危害國家安全類罪行中規定了 12 個罪名：背叛國家罪，分裂國家罪，煽動分裂國家罪，武裝叛亂、暴亂罪，顛覆國家政權罪，煽動顛覆國家政權罪，投敵叛變罪，叛逃罪，間諜罪，為境外竊取、刺探、收買、非法提供國家祕密、情報罪和資敵罪。其中，與境外敵對勢力勾結從事分裂國家、武裝叛亂和顛覆國家政權的犯罪在法定刑罰內從重處罰。危害國家安全罪屬於最嚴重的犯罪，按照罪刑相適應原則，處罰均較重，最高可判處死刑、沒收財產。

### 2、危害公共安全罪

危害公共安全罪是指故意或者過失實施危害不特定多數人的生命、健康或者重大公私財產安全的行為。危害公共安全涉及非常廣的領域。危害公共安全的犯罪通常採用的手段極端，造成的

人員傷亡、財產損失嚴重。刑法在危害公共安全種類罪中規定了43 個罪名。其中嚴重的罪名有：放火，決水，爆炸，投放危險物質罪，破壞交通工具罪，破壞交通設施罪，破壞電力設備罪，組織、領導、參加恐怖活動組織罪，劫持航空器罪，非法製造、買賣、運輸、郵寄、儲存槍支、彈藥、爆炸物罪，非法製造、買賣、運輸、儲存危險物質罪等，造成嚴重後果的有些犯罪可判十年以上有期徒刑、無期徒刑，最嚴重的可以判處死刑。

### 3、破壞社會主義市場秩序和經濟秩序罪

破壞社會主義市場經濟秩序罪，是指違反國家市場經濟管理法規，破壞社會主義市場經濟秩序，嚴重危害市場經濟發展的行為。社會主義市場經濟秩序涉及非常廣泛的領域，中國刑法將破壞社會主義市場經濟秩序罪分為八類：生產、銷售偽劣商品罪，走私罪，妨害對公司、企業的管理秩序罪，破壞金融管理秩序罪，金融詐騙罪，危害稅收徵管罪，侵犯知識產權罪，擾亂市場秩序罪。刑法對這類犯罪的處罰相對於危害國家安全罪為輕，大多處以十年以下有期徒刑，並處罰款。只有極個別造成嚴重社會後果的犯罪，如生產、銷售、提供假藥罪規定了十年以上有期徒刑、無期徒刑。

### 4、侵犯公民人身權利、民主權利罪

侵犯公民人身權利、民主權利罪，是指故意或者過失侵犯公民人身權利，以及故意侵犯公民民主權利的行為。侵犯公民人身權利罪：侵犯生命、健康的犯罪，侵犯性的決定權的犯罪，侵犯自由的犯罪，侵犯名譽、隱私的犯罪，妨害婚姻的犯罪。侵犯公民民主權利罪：侵犯選舉權與被選舉權、批評權、控告權、申訴權、宗教信仰自由權、通信自由權等。

### 5、侵犯財產罪

侵犯財產罪是指以非法佔有為目的，非法取得公私財物，或者挪用單位財物，故意毀壞公私財物的行為。中國刑法根據侵害行為造成的不同結果，將此類犯罪分為兩種類型：一種是將不屬於犯罪人的財產以非法手段據為己有，如盜竊罪、搶劫罪、搶奪罪、詐騙罪等；另一種是將不屬於自己的財產以非法手段損毀，消滅財產價值的犯罪，如故意毀壞財物罪。刑法對這類犯罪大多處以十年以下有期徒刑，並處罰金。對數額特別巨大的盜竊罪、詐騙罪和職務侵佔罪處以無期徒刑。只有對情節極其嚴重的搶劫罪規定適用死刑。

### 6、妨害社會管理秩序罪

妨害社會管理秩序罪，是指故意或者過失妨害國家機關對社會的管理活動，破壞社會秩序，情節嚴重的行為。中國刑法將妨害社會管理秩序罪分為九類：擾亂公共秩序罪，妨害司法罪，妨害國（邊）境管理罪，妨害文物管理罪，危害公共衛生罪，破壞環境資源保護罪，走私、販賣、運輸、製造毒品罪，組織、強迫、引誘、容留、介紹賣淫罪，製作、販賣、傳播淫穢物品罪。刑法對妨害社會管理秩序罪大多數罪名規定了十年以下有期徒刑的刑罰和罰金，只對情節特別嚴重的傳授犯罪方法罪，組織他人偷越國（邊）境罪，盜掘古文化遺址罪，非法採集、供應血液、製作、供應血液製品罪，走私、販賣、運輸、製造毒品罪，組織賣淫罪，製作、複製、出版、販賣、傳播淫穢物品牟利罪，規定適用十年以上有期徒刑或無期徒刑。

### 7、危害國防利益罪

危害國防利益罪是指故意或者過失危害國防利益的行為。中

國刑法規定了十四個危害國防利益罪的具體罪名，如阻礙軍人執行職務罪，破壞武器裝備、軍事設施、軍事通信罪，煽動軍人逃離部隊或者故意僱用逃離部隊軍人罪，戰時拒絕或者故意延誤軍事訂貨罪等。刑法對這類犯罪的處罰原則是平時從輕、戰時從嚴。

### 8、貪污賄賂罪

貪污賄賂罪是指國家工作人員利用職務之便，貪污、挪用公共財物，索取、收受賄賂，不履行法定義務的行為。中國刑法將貪污賄賂罪分為兩大類：貪污犯罪，包括貪污罪、挪用公款罪、私分國有資產罪、私分罰沒財物罪、巨額財產來源不明罪與隱瞞境外存款罪；賄賂犯罪則包括受賄犯罪、行賄犯罪與介紹賄賂罪。刑法對貪污賄賂罪規定了比較嚴厲的處罰，貪污數額特別巨大的可適用死刑。

### 9、瀆職罪

瀆職罪，是指國家機關工作人員在履行職務過程中，徇私舞弊、濫用職權、玩忽職守，妨害國家機關公務的有效執行，致使國家與人民利益遭受重大損失的行為。中國刑法規定了三十多個具體的瀆職罪名。按照犯罪者的職務身份，將瀆職罪劃分為：行政機關工作人員瀆職犯罪和司法機關工作人員瀆職犯罪。行政機關人員瀆職犯罪主要有：濫用職權罪，玩忽職守罪，故意泄露國家機密罪，環境監管失職罪，傳染病防治失職罪，招收公務員、學生徇私舞弊罪等；司法人員瀆職罪主要有：民事、行政枉法裁判罪，失職使在押人員脫逃罪，徇私舞弊減刑罪等。通常對此類犯罪處十年左右有期徒刑。

### 10、軍人違反職責罪

軍隊是重要的國家機器，軍人承擔着保衞國家的憲法責任。

軍人違反職責罪是軍人違反職責，危害國家軍事利益，依照法律應當受刑罰處罰的行為。中國刑法規定了三十多種罪名，大致可以歸為：危害作戰利益的犯罪，違反部隊管理制度的犯罪，危害軍事祕密的犯罪，危害部隊物資保障的犯罪，侵犯部屬、傷病軍人、平民、戰俘利益的犯罪。對於戰時的軍人違犯職責犯罪，刑法規定了較重的刑罰。

# 六、刑事責任與刑罰

刑事責任是指犯罪人因實施犯罪行為而應當承擔的法律責任，具體體現為不同的刑罰。中國刑法規定的刑罰有：管制、拘役、有期徒刑、無期徒刑、死刑、罰金、沒收財產和剝奪政治權利等八種。

### 1、管制

管制是對犯罪人不予關押，但限制其一定的自由，並由公安機關給予監督的刑罰方法。根據不同的情況，限制自由的方式和程度也可不同，須由人民法院判定：如執行期間限制犯罪人進入特定場所；限制從事某類活動；未經公安機關批准，不允許離開居住縣、市；不得參加政治性活動。

### 2、拘役

拘役是短期剝奪犯罪人人身自由，由公安機關就近執行的刑罰方式，拘役主要適用於罪行較輕的犯罪人。拘役的期限為一個月以上、六個月以下，數罪並罰時不能超過一年。執行期間，犯罪人可經批准回家探望。參加勞動的，可酌情發給報酬。

### 3、有期徒刑

有期徒刑是在一定期限內剝奪犯罪人的自由，實行強制勞動改造的刑罰方法，屬自由刑。有期徒刑是適用最廣的刑罰方法。有期徒刑的期限為 6 個月以上 15 年以下；數罪並罰時，有期徒刑總和刑期不滿 35 年的，最高不能超過 20 年，總和刑期在 35 年以上的，最高不能超過 25 年。死刑緩期執行減為有期徒刑時，有期徒刑的期限為 25 年。被判處有期徒刑的犯罪人，須接受勞動改造。有期徒刑的執行機關是監獄或其他執行場所，未成年人在未成年犯管教所執行。

### 4、無期徒刑

無期徒刑是剝奪犯罪人終身自由，實行強制勞動改造的刑罰方法，是自由刑中最嚴厲的刑罰。通常對非常嚴重的犯罪適用無期徒刑。刑罰規定適用死刑的犯罪，同時規定無期徒刑為選擇刑，給應當判處死刑的犯罪人提供改惡從善的機會。被判處無期徒刑的犯罪人，須附加剝奪政治權利終身。無期徒刑在監獄或者其他執行場所執行。

### 5、死刑

死刑是生命刑，是結束犯罪人生命的刑罰。死刑對嚴懲犯罪者、威懾和教育有犯罪企圖者，安撫受害者遺族、維護社會的正常秩序有特殊作用。適用死刑的罪名大多是採用極端手段，對社會造成巨大危害的犯罪，通常為嚴重的暴力犯罪，如故意殺人、強姦、暴力搶劫、劫持、綁架等犯罪。死刑分為兩種情況：第一種是死刑並緩期 2 年執行（死緩）；第二種是死刑並立即執行。基於人道主義，對實施犯罪時未成年的人、審判時懷孕的女性、審判時超過 75 週歲的人不適用死刑。

### 6、罰金

罰金是法院判處犯罪人向國家繳納一定數額金錢的刑罰方法，屬於財產刑和附加刑。罰金主要適用於三種犯罪：經濟犯罪、破壞社會主義市場經濟秩序罪、財產犯罪。刑法沒有具體規定罰金的數額，由人民法院根據具體情況判定。罰金數額應當與犯罪情節相適應，犯罪情節嚴重的，罰金數額應高；犯罪情節較輕的，罰金數額應低。此外，還應酌情考慮犯罪人的經濟狀況。按照罪責自負原則，罰金只能執行犯罪人個人所有的財產。

### 7、剝奪政治權利

剝奪政治權利是剝奪犯罪人參加國家管理和政治活動權利的刑罰方法。剝奪的政治權利主要包括：選舉權和被選舉權；言論、出版、集會、結社、遊行、示威自由的權利；擔任國家機關公職的權利；擔任國有公司、企業、事業單位和人民團體領導職務的權利。對於判處死刑、無期徒刑的犯罪人，剝奪政治權利終身；在死刑緩期執行減為有期徒刑，或者無期徒刑減為有期徒刑時，附加剝奪政治權利的期限可以改為 3 年以上 10 年以下；獨立適用或者判處有期徒刑、拘役附加適用剝奪政治權利的期限，為 1 年以上 5 年以下；判處管制附加剝奪政治權利的期限與管制的期限相等。

### 8、沒收財產

沒收財產是指將犯罪人個人所有財產的一部分或者全部強制無償地收歸國有的刑罰方法。沒收財產只能適用於刑法分則明文規定可以判處沒收財產的犯罪，主要適用於危害國家安全罪、破壞社會主義市場經濟秩序罪、侵犯財產罪和貪污賄賂罪。

刑罰在規定各種刑罰的基礎上，還規定了刑罰的減輕與免

除。刑罰的減輕是根據犯罪人的行為、態度以及案件的具體情況，處以法定刑之下的刑罰；刑罰的免除是對犯罪人判決有罪的前提下，免除對被告人的刑罰。刑罰減輕或免除通常適用於自首、有立功表現、不滿 16 週歲的未成年人、殘疾或者年老人、懷孕或者哺乳嬰兒的女性。

# 第二節　刑事訴訟法

刑事訴訟法是規定公安、檢察機關和法院偵查、起訴和審判刑事案件時行使有關權力和賦予有關涉案人員和參與訴訟的人員以相應權利的法律。中國現行的刑事訴訟法頒佈並實施於 1979 年 7 月 1 日，於 1996 年作了全面的修改，是刑事訴訟的基本法律。

## 一、刑事訴訟的基本原則

刑事訴訟的基本原則是在刑事訴訟過程中必須遵循的法律原則。

### 1、無罪推定原則

無罪推定原則是刑事司法程序中一項基本原則。刑事訴訟法規定：「一切犯罪嫌疑人在沒有經過人民法院依法判決之前，都不得被認定為有罪。」這一規定體現了無罪推定原則，旨在保障被告人的基本權利，避免冤假錯案，確保刑事司法的公正和公平。無罪推定原則在訴訟程序中要求法庭對被告人的有罪判斷，必須依據確鑿、充分的證據，排除合理懷疑。如果證據不足以證明被

告人有罪，應當依法判決無罪。這一原則也體現在刑事訴訟中充分保障被告人的辯護權、質證、申訴等權利。

### 2、審判公開原則

審判公開原則是法庭審理刑事案件時，對公眾開放，在公眾面前進行。中國刑事訴訟法規定：刑事審判要公開法庭審理案件的過程，包括公訴、質證、辯護以及被告人最後陳訴，最後須公佈判決書。審判公開原則的目的是審判工作要接受公眾的監督，保證審判依法、公平進行，防止司法權濫用。另一方面，利用法庭的公開審判，使公眾通過發生在身邊的案件審理，了解法律知識，提高法治觀念。

### 3、疑罪從無原則

中國刑事訴訟法規定：「對於犯罪嫌疑人不足以定罪的，應當依法做出無罪判決。」這是對疑罪從無原則的準確表述。疑罪從無要求法庭在審判過程中，如果證據不能確實、充分地證明犯罪嫌疑人的犯罪事實，對於是否犯罪存在合理的懷疑時，應當對被告人給予無罪的判決。如果對被告人有罪的證據和無罪的證據同樣可信，法庭應當選擇無罪。該原則注重對證據的分析與判斷，要求證據真實、合法和充分，只有證據確鑿、確實能夠證明被告人有罪時，法庭才能依法作出有罪判決。

## 二、刑事訴訟的重要制度

### 1、辯護制度

辯護制度是刑事訴訟中保障被告人對自己行為說明、辯解權利的重要制度，旨在保證被告人的合法權益得到充分保護，維護

刑事訴訟的公正性。辯護制度的核心是被告人的辯護權，即被告人可以在審判過程中對自己的行為作說明、解釋，陳述自己的意見和觀點，對控方提出的證據和指控進行反駁。辯護可以自行辯護，也可以聘請辯護人辯護。辯護人是被告人委託的專業律師或其他具備辯護資格的人。辯護人為被告人提供法律幫助和支持，享有查閱、複製案件有關材料，收集證據，在法庭上質詢證人，提出辯護意見等權利。如被告人是未成年、盲聾啞、精神障礙者，法院應指定辯護人為其提供法律援助。被告人因經濟困難等原因無法聘請辯護人時，可以享有政府提供的法律援助服務。辯護人有義務保守被告人的祕密，恪守職業道德，為被告人提供法律幫助。辯護制度也有助於平衡控方與被告方的力量，消除被告人的弱勢心理狀態。

### 2、迴避制度

迴避制度是刑事訴訟中為保障審判公正設立的一種制度，主要目的是避免訴訟參與人因個人利益、關係等因素影響案件的公正審理。當法官、檢察官、辯護人等訴訟參與人意識到自己與案件存在利害關係、親屬關係等可能影響案件公正審理的情況時，應主動申請迴避，不參加案件的審理工作。被告人或其他訴訟參與人發現法官、檢察官、辯護人等存在可能影響案件公正審理的情況時，可以向法院提出迴避申請。迴避申請應在法庭調查階段開始前向法院提出。法院對迴避申請進行審查，若情況屬實，應批准迴避申請，相關訴訟參與人將不再參與該案件的審理，法院應安排其他人接替迴避人的職責。如果駁回迴避申請，法院應告知申請人並說明理由。迴避制度對於保障刑事訴訟的公正性具有重要作用，有利於維護司法的公信力和社會公平正義。

### 3、陪審制度

陪審制度是法院安排普通公民作為法庭的成員，參加審判全過程，與法官共同對刑事案件作出裁決的制度。陪審制度的主要目的是實現社會的民主治理，普通公民參加並決定發生在自己身邊事務的性質，並決定處置。參與審判的普通公民稱為陪審員。陪審員須年滿 18 歲，具有完全民事行為能力，具有良好的公民素質、具備一定的法律知識，沒有犯罪記錄和不良的行為。陪審員通常是在陪審員名單中通過抽籤或其他隨機方式產生。法官、檢察官、律師等法律專業人士不能擔任陪審員。陪審員與法官共同審理案件，審查證據、質詢證人，對案件事實和證據進行審查，對被告人是否犯罪和處以的刑罰做出判斷。陪審員有義務保守審判過程中了解到的一切祕密，不能向外界透露案件情況。陪審制度除了保障公正審判外，還有助於提高公民對社會重大事務的參與度，在親身實踐中加深對法律的認識和尊重，增強法治意識。

### 4、兩審終審制度

兩審終審制是指一個刑事案件最多經過兩級法院審理，二審法院的判決具有最終確定性。兩審終審制度的目的是確保審判質量和效率，減少司法資源的浪費，維護當事人的合法權益。第一審是案件在第一級法院進行的審判，法院要對案件證據進行全面、詳細的審查，對事實作出準確認定，並作出適用法律的判決；二審是當事人對一審判決不服向上級法院提起上訴，由上級法院對案件進行審理的過程。二審法院主要審查一審判決認定事實是否準確，法律適用是否正確。二審法院的判決具有最終確定性，即「終審」。如果二審法院認為一審判決正確，應作出維持原判的裁定；如果二審法院認為一審判決事實認定不準，或法律

適用錯誤，可以作出改判的判決；如果二審法院認為一審出現程序嚴重違法，影響公正審判，可以撤銷原判，發回一審法院重新審理。

### 5、證據制度

證據制度是刑事訴訟中關於證據的收集、固定、調查、質證、評價等方面的一系列制度安排。刑事證據是在刑事訴訟中，用於證明刑事案件事實的各種材料和信息。證據可以分為直接證據和間接證據、書證和物證、口供和書面陳述等不同類型。證據收集要由偵查機關、檢察機關和法院依法收集，只有依法收集的證據才具有證明力，非法收集的證據不能作為定案依據。對收集到的證據，要採取一定的形式進行記錄、保存，確保證據的真實性、完整性和可靠性；法庭對證據進行公開、逐項審查，當事人有權對證據的真實性、合法性、相關性提出質疑；法庭要對證據進行分析、判斷，認定與案件的關聯性，進而認定案件事實。證據評價需達到「排除合理懷疑」和「證據確實充分」程度。

### 6、上訴不加刑制度

上訴不加刑制度是在刑事訴訟中，被告人提起上訴後，二審法院在審理過程中原則上不得加重對被告人的刑罰。這一制度旨在防止司法機關和案件參與有關方面通過各種方式阻止被告人提出上訴，避免被告人因擔心刑罰加重而放棄上訴權，確保被告人行使法律規定的訴訟權利。一審法庭和公訴人均不得以上訴有可能加重被告人刑罰為由，阻礙被告人行使上訴權。但在某些特殊情況下，二審法院可能會對被告人的刑罰作出加重。例如，當一審判決存在嚴重的事實錯誤或法律適用錯誤時，二審法院可以根據實際情況對被告人的刑罰進行調整。

### 7、管轄制度

管轄制度是在刑事訴訟中，確定案件由哪個級別、哪個具體法院行使審判權的制度。管轄制度對於確保案件得到公正、高效審理具有重要意義。刑事訴訟法規定了四種管轄制度。地域管轄：是案件應由犯罪行為地或被告人居住地的法院審理。地域管轄有助於案件得到及時、有效的處理，同時便於當事人、證人參與訴訟活動。級別管轄：是根據案件性質、重要程度和社會影響，確定案件由哪個級別的法院審理。一般來說，普通刑事案件由基層法院審理，重大、複雜或具有較大社會影響的案件由中級或高級法院審理。專屬管轄：是指某些特殊類型的刑事案件由具備特定資質的法院審理，如現役軍人的犯罪案件由軍事法院管轄。指定管轄：當兩個或多個法院都認為自己具有審判權，或具有管轄權的法院由於特定的原因不便審理案件時，上級法院或司法行政部門進行判定，指定具體的管轄法院。

## 三、刑事訴訟的主要程序

中國的刑事訴訟法對刑事訴訟程序作了非常具體、系統的規定，使刑事訴訟得以合法、高效進行，確保刑事法律得到準確、有效實施。

### 1、公安機關偵查

刑事案件偵查是刑事司法的第一步，公安機關是刑事偵查的法定機構。刑事偵查的主要程序包括發現犯罪線索、收集證據、確定犯罪嫌疑人；依法對犯罪嫌疑人採取必要的措施，對犯罪作出初步分析、提出進一步處理的法律意見。公民、企事業單位及

其他組織可以就犯罪情況和線索向公安機關報案。公安機關對報案內容進行初步調查，判斷是否構成刑事案件和立案條件。如果符合立案條件，會正式立案、啟動偵查程序，進行現場勘查。刑事偵查人員對案件現場勘查通常包括照片、視頻、圖紙等記錄手段，收集現場的物證；對現場保護和恢復。偵查人員還要根據案件的具體情況進一步收集各種證據，如物證、書證、證人證言、被害人陳述、犯罪嫌疑人供述，對證據進行法醫鑒定、技術鑒定等。偵查人員綜合分析證據和案情，一旦確定犯罪事實成立，偵查人員可依法對犯罪嫌疑人實施拘捕，對其進行審訊，進一步了解犯罪事實。審訊需遵循法律規定，保障嫌疑人的合法權益。偵查人員經過對證據分析，如證明犯罪嫌疑人確實實施了犯罪行為，將終結偵查，將案件並證據移送至檢察院審查起訴。

### 2、檢察機關起訴

人民檢察院是國家的法律監督機構，負責對刑事案件的起訴工作。刑事案件的起訴是檢察院在審查偵查機關移送的刑事案件後，認為犯罪事實清楚、證據確實充分、犯罪嫌疑人應當承擔刑事責任時，依法向法院提起公訴的制度。檢察院對案件審查的核心是對證據的合法性、充分性和關聯性進行分析、評估。檢察院如認為證據充分、指控成立，將依法對犯罪嫌疑人提起公訴，將案件交審判機關；如果證據證明犯罪嫌疑人確實實施了犯罪行為，但依照刑法的規定，可以不處以刑罰的情況，檢察院會作出不起訴決定，並將理由告知偵查機關和犯罪嫌疑人。如果表面證據顯示犯罪嫌疑人實施了犯罪行為，但證據有重要的遺漏情況，檢察官須要求補充偵查或者對犯罪嫌疑人進行補充審訊。對證據充分、事實清楚，可能被判處有期徒刑以上刑罰的案件，犯罪嫌

疑人尚未被逮捕的，檢察院可以決定對犯罪嫌疑人實施逮捕。對決定起訴的案件，檢察院向法院提起公訴，並移交證據及相關的法律文書，案件進入審判階段。

### 3、審判機關審判與裁決

人民法院是國家的審判機關，負責對刑事案件進行審判。人民法院根據憲法和法律獨立行使審判權，不受行政機關、社會團體和個人的干涉。

刑事案件的審理和判決是法院對檢察院提起公訴的刑事案件進行審查、裁決的制度。法院在收到檢察院的起訴書後，須對案件進行審查，確定案件是否符合審判條件。對符合條件的案件，法院將立案並成立由主審法官、合議庭成員以及書記員組成的法庭。法庭對案件材料進行預審，確定庭審時間、地點以及參與人員，並通知公訴人、被告人、辯護人和證人等相關當事人出庭。開庭審理的主要程序：開庭：法官宣佈開庭，確認庭審參與人員身份，並主持法庭審理程序。公訴人公訴：檢察官陳述犯罪事實、指控罪名，並提供證據。被告人及辯護人答辯：被告人對指控進行自我辯解，辯護人提出辯護意見。舉證質證：雙方提供證據並對對方的證據進行質疑。法庭辯論：雙方就證據、法律適用等問題進行辯論。被告人最後陳述：被告人進行最後陳述，表達悔意或堅持辯解。判決：庭審結束後，法庭對案件進行審議，對控辯雙方的證據、陳述進行分析和評價，判斷犯罪事實是否清楚、證據是否確實充分，適用具體法律定罪量刑，做出判決；判決應確定犯罪人的基本情況、犯罪事實、罪名、刑罰等內容。判決應當形成書面判決書，由合議庭成員簽名，並加蓋法院印章。判決須在法庭公開宣佈。上訴：若被告人或檢察院對判決結果不

滿，可在法定期限內向上一級法院提起上訴或抗訴。上訴法院將對案件進行審理，審查一審判決認定的犯罪事實是否清楚、證據是否確鑿、適用法律是否準確。上訴法院根據審理情況，作出維持原判決、改判或撤銷原判決並發回重審的決定。

### 4、判決執行

刑事案件判決的執行是在審判程序結束，法庭作出有罪判決後，落實判決內容，對被告人實施刑罰的制度。刑事案件判決的執行制度通常包括：判決生效：在法定期限內被告人沒有提起上訴或者上訴被駁回，判決即為生效。判決生效後，法院將判決書及相關材料移交給監獄或看守所執行。執行罰金、沒收財產等財產性刑罰：執行機關會向被執行人發出執行通知書，要求其在規定期限內支付罰金或交出應當沒收的財產。若被執行人沒有按時履行，執行機關可以依法採取強制執行措施，如查封、扣押、拍賣財產等。有期徒刑執行：將被判刑者送入監獄服刑，接受勞動改造，期滿後釋放。無期徒刑執行：將被判刑者送入監獄服刑，接受勞動改造。死刑：在判決規定的期限內，對被判刑者執行死刑，通常採用槍決或注射致死藥品的方式執行。減刑、假釋和暫時出獄：在執行有期徒刑過程中，如果被判刑者表現良好、認罪悔過，可以申請減刑或假釋。執行機關和審判法院，會同檢察機關對申請進行審查，可以對服刑者減刑或假釋。服刑者患有嚴重病情可以申請保外就醫，執行機構和檢察院審查後可做出准許或不准許的決定。被判刑者在服刑期間需要參加勞動、學習、文娛活動等，以培養其重返社會的能力。刑滿釋放：服刑者服滿刑期或者經過減刑、假釋等程序提前結束刑罰時，執行機關將解除其刑事處罰，安排其離開執行場所，返回社會。刑滿釋放的人員進

入社會後，社區、單位和家庭應當為刑滿釋放人員提供必要的生活、工作幫助，幫助其儘快適應社會生活。

### 5、國際刑事司法協助

國際刑事司法協助是對跨境犯罪協調處理的制度安排，各國在刑事訴訟中相互提供法律支持和協作。聯合國和國際組織制定了不少關於國際刑事司法協助條約，為實現有效的國際刑事司法協助提供法律支持。中國已經參加了《聯合國打擊跨國有組織犯罪公約》（2000年）、《聯合國反腐敗公約》（2003年）、《恐怖犯罪引渡條約》和《恐怖犯罪司法協助條約》等國際刑事司法條約。除此之外，中國還與加拿大、澳大利亞、新西蘭、英國、法國、俄羅斯等國簽訂了刑事司法協助的多邊和雙邊協議，這些條約和協定涵蓋了引渡、刑事司法協助、刑事執法合作等多個領域。

引渡是一個國家將在其領土上被發現的犯罪嫌疑人或罪犯移交給請求國，以便請求國對其進行刑事訴訟或執行刑罰。法律文書的傳遞：在刑事訴訟過程中，一個國家需要將法律文書傳遞給另一個國家，以便後者採取相應行動。法律文書包括傳票、起訴書、判決書等。調查與證據收集：在跨國刑事案件中，一個國家需要請求另一個國家協助進行調查和證據收集，包括詢問證人、搜查、查封、扣押、勘查現場、獲取銀行賬戶信息等。被判刑者的移交執行：在某些情況下，一個國家會請求另一個國家接受並執行對被判刑者的刑罰。沒收與追繳犯罪所得：在跨國刑事案件中，一個國家需要另一個國家協助進行犯罪所得的沒收和追繳，包括查封、凍結和扣押財產，追討犯罪所得等。聯合調查團：針對某些複雜性較高的跨國犯罪案件，兩個或多個國家可能會建立

聯合調查團，共同進行調查。聯合調查團成員可能包括來自不同國家的執法、檢察和司法部門的代表。信息交流與協作：在打擊跨國犯罪的過程中，各國執法、檢察和司法部門需要及時交流信息，分享情報，包括犯罪嫌疑人、罪犯、犯罪組織、犯罪手段、犯罪證據等方面的信息。

第五章

當代中國的
民商法律制度

中國是世界上最大的發展中國家。中華人民共和國成立以後，尤其是改革開放以來，伴隨國家社會經濟高速發展，民商法有了長足的進步；特別是中國 2001 年加入世界貿易組織後，民商事法律制度更是進入全面現代化的階段。民事和商事法律是最直接關乎百姓生活、社會家庭和經商活動的法律規範；全國各級人民法院每年審理的案件中民事和商事糾紛佔到 80% 以上。之所以經常把民事和商事法律並稱為民商法是因為兩者間存在的密切關係。商事法律關係是在民事法律關係上發展而來。商事法律關係是指從事經濟和商業交易活動產生的權利義務關係，它和民事法律關係一樣，強調法律關係主體之間的平等性和自主性，所以合同法的基本原則可以同時適用於民事和商事法律關係。商事活動參加主體中既有公司法人，也有自然人個體，兩類法律活動也常有交叉。與民事關係不同，商事活動強調營利性。基於商業活動對盈利和交易安全的要求，商事活動強調規範性、效益性和嚴格責任。一般認為，民法是基本法，範圍寬泛，其所規定的權利義務關係，主體資格和行為及財產的基本原則可以適用於商事法律關係；商法是民法基礎上的特別法，僅適用於商事主體（商人）進行的商業交易活動。

# 第一節　民法典

　　中國在 1986 年首度頒行《民法通則》，設定了民事法律關係的基本框架，其中也包括了一些商事行為的規定。其後在此基礎上又陸續頒佈了《婚姻法》《繼承法》《收養法》《擔保法》《合同法》《物權法》和《侵權責任法》等一系列單行立法。社會和經濟的快速發展使原有立法不能適應新的環境需求，迫切需要完善和健全民事法律規範。經過多年的努力，全國人大對原有的單行立法進行了編纂、修訂、更新和補充，於 2020 年 5 月 28 日頒佈了《中華人民共和國民法典》，於 2021 年 1 月 1 日起施行。《民法典》是中華人民共和國第一部以「法典」命名的法律，不僅標誌着中國法律現代化進入了新的階段，而且為國家社會和經濟發展提供了更為有力的法律保障。《民法典》包括總則、物權、合同、人格權、婚姻家庭、繼承和侵權責任等 7 編，各編內又分為若干章，合計有 84 章，1260 條。

## 一、民法典的基本原則和概念

### 1、民法典的基本原則

　　民法的適用範圍可以包括自然人、法人和其他社會或商業組織，而其作用是規範這些平等當事人之間的人身和財產關係。為此，《民法典》規定了民事活動中應當遵守的六項基本原則：法律地位一律平等原則，即民事主體在從事民事活動時，相互之間在法律地位上都是平等的，一方不得將自己的意志強加給另一方，他們的合法權益也受到法律的平等保護；自願原則，即在民事活

動中，設立、變更、終止民事法律關係應當尊重和依照當事人自己的意願，如訂立合同、修改和解除合同的自由，選擇交易對象的自由，決定合同內容的自由和決定合同訂立和履行方式的自由等；公平原則，即在民事活動中，當事人應當遵循公平原則，合理分配和確定各方的權利、義務和責任，遵循社會公義的理念，平衡各方的利益，防止和處理糾紛；誠信原則，即在民事活動中，當事人應當秉持善意誠實，信守承諾，言行一致；遵守法律和公序良俗原則，即在民事活動中，當事人不得違反法律法規、社會公共秩序，以及社會公共道德；綠色原則，即當事人應當以有利於節約資源、保護生態環境為原則進行民事活動。這一原則體現了國家可持續發展的新理念。

《民法典》所規定的基本原則，體現法律對社會經濟活動的根本要求；貫穿於國家全部民商事法律制度，對民事司法和守法也有普遍指導意義。

### 2、民事主體

根據《民法典》，自然人、個體工商戶、農村承包經營戶、依法成立的法人組織（包括盈利公司、非盈利的事業單位、社會團體和服務機構及機關和農村集體合作組織等）以及非法人組織（如合夥企業）都可以成為民事法律行為的主體。然而，在從事民事法律行為時，這些主體必須滿足一定的法律條件，如自然人應達到法定年齡和具備認知能力，法人應履行登記手續等。沒有行為能力的當事人應由其法定代理人代理實施民事法律行為。所謂民事法律行為是指當事人通過自己的意思表示設立、變更或終止民事法律關係的行為，比如訂立合同、離婚、繼承遺產和出售物業或股權等。

### 3、民事主體的權利和義務

民事主體依法享有民事權利。自然人可享有的民事權利包括人身自由、人格尊嚴、生命權、身體權、健康權、姓名權、肖像權、名譽權、榮譽權、隱私權、婚姻自主權等；而法人和非法人組織則享有名稱權、名譽權和榮譽權。民事主體依法享有的權利還有包括動產和不動產在內的物權，因合同或侵權而產生的債權和知識產權。《民法典》明確規定，民事主體的人身權利、財產權利以及其他合法權益受法律保護，任何組織或者個人不得侵犯。

民事主體在享有權利的同時，也要依照法律規定或者按照當事人約定，履行民事義務，承擔民事責任。《民法典》中規定的因侵害他人民事權利而須承擔民事責任的主要方式包括停止侵害；排除妨礙，消除危險，返還財產，恢復原狀，修理、重作、更換，繼續履行，賠償損失，支付違約金，消除影響、恢復名譽，和賠禮道歉等。

### 4、時效制度

為保障社會和市場程序的穩定以及司法效益，《民法典》還規定了時效制度，即除非法律另有規定，向人民法院請求保護民事權利的訴訟時效期間為三年；也就是說，民事權利受到侵害的一方應在法定的期間內行使自己的權利，否則人民法院對他的權利主張將不再進行保護。這個制度的目的是督促當事人及時行使權利，保護自己的合法利益，防止當事人之間的法律關係長期處於不確定的狀態，同時也可避免證據滅失等情況。

## 二、民法典物權編

### 1、物權的概念

物權，即通常所說的財產權，具體可進一步分為動產和不動產。除非法律特別規定財產專屬於國家所有，所有權人對自己的不動產或者動產，依法享有佔有、使用、收益和處分的權利。《民法典》明確指出，國家、集體和私人的物權受法律平等保護，任何組織或者個人不得侵犯。為明晰產權和維護穩定市場秩序，法律要求不動產物權的設立、變更、轉讓和消滅須經依法登記，才發生效力，除非法律另有規定。改革開放後，不動產管理曾分屬不同的國家機關，近年來已開始實施以土地為核心的不動產統一登記管理制度。

隨着高新科技的迅速發展，財產的形式也在日益多樣化和複雜化。對此，《民法典》將數據、網絡虛擬財產（如網絡遊戲的賬號或獲取的工具）的保護納入法律保護的範圍，便是對這一發展趨勢的回應。但由於立法條件尚未成熟，現在大都是以部門規章、司法解釋或指導性判例為規範依據。

### 2、物權的所有制

中國是社會主義國家，實行社會主義公有財產神聖不可侵犯的憲法原則；法律明確規定，礦藏、水流、海域、無居民海島、城市的土地和法律規定屬於國家所有的農村和城市郊區的土地、森林、山嶺、草原、荒地、法律明確屬於國家所有的野生動植物資源、無線電頻譜資源，國防資產及法律規定屬於國家所有的文物均屬於國家所有。

除國有財產外，農村集體經濟和城鎮集體經濟也是公有制的

一部分。因此農村合作社和城鎮企業財產的所有權為成員集體所有，由集體經濟組織機構或村民委員會行使相關的權利。私人對其合法的收入、房屋、生活用品、生產工具、原材料等資產享有所有權也得到《憲法》和法律的承認和保護。

對於建築物業，《民法典》規定，業主對建築物內的住宅、經營性用房等專有部分享有所有權，對專有部分以外的共有部分享有共有和共同管理的權利。業主可以依法設立業主大會並選舉業主（管理）委員會，討論決定有關物業管理維修等重大事項。業主大會或者業主委員會的決定，對業主具有法律約束力。物業相鄰的業主則應當按照有利生產、方便生活、團結互助、公平合理的原則，正確處理相鄰關係。

### 3、物權的不同形式

《民法典》用「用益物權」的概念說明物業業主以外的人對物業享有佔有、使用和收益的權利，譬如日常生活中租客的租住權和農戶的土地承包經營權等。由於這些權利是在物業業主的基本權利基礎上取得，所以可能要受到法律和合同的限制。如法律規定，除非當事人另有約定，耕地的承包期為三十年及租住權不得轉讓、繼承或轉租出租。

在民事和商業活動中時常有需要提供擔保的情況。《民法典》就此規定了四種用財產擔保的制度：（1）抵押，即債務人或者第三人將財產通過合同抵押給債權人；債務人不履行到期債務時，債權人有權從該財產優先受償；（2）動產質押，即為擔保債務的履行，債務人或者第三人將其動產（如珠寶或設備）交付給債權人；債務人不履行到期債務，債權人有權從其動產優先受償；（3）權利質押，原理和動產質押相同，但質押的財產不是動產，而是

權利憑證（如票據、證券、提單等）；以及（4）留置，即債務人不履行到期債務，債權人可以留置已經合法佔有的債務人的動產，並從中優先受償；譬如車主修車後不付錢，則修車店可行使權力，把車輛留置，作為受償的保證。

## 三、民法典合同編

### 1、合同的概念

合同亦稱契約或合約，是當事人依法確立商業或社會關係的重要法律行為；但如婚姻、收養、監護等人身關係的協議則不包括在合同法適用範圍內，而要適用其他相關法律的規定。依法成立的合同，受法律保護，對當事人有約束力。當事人訂立合同，可以採用書面形式、口頭形式或者其他形式。合同的訂立一般經過邀約和承諾的步驟；而使合同能夠成立的最重要條件是當事人真實的意思表示和形成合意。

### 2、對格式合同的特別規定

在商業活動中，大公司之間訂立合約一般要經過慎重的談判和有律師參與；但在消費者購買商品和服務時往往要面對越來越多的所謂「格式合同」，即合同反映在提供商品或服務的一方預先準備好的表格上，消費者只能在上面簽字，而沒有真正協商議價的機會。為了保障這種合同的公平性，《民法典》規定，提供格式合同的一方應當遵循公平原則確定當事人之間的權利和義務，採取合理的方式提示對方注意其中減輕或免除責任的條款，並按照對方的要求，對相關內容予以說明；否則格式合同，特別是所謂「免責條款」可能因違反法規或公平原則而無效。

### 3、合同的履行責任

合同成立後，當事人應當按照約定全面履行自己的義務，同時應遵循誠信善意原則，按照合同的性質、目的和交易習慣負有通知、協助、保密等義務。如果發生自然災害或疫情等不可預見的情況當事人可以協商變更或解除合同。當事人一方違反合同或者履行合同義務不符合約定的，應當承擔繼續履行、採取補救措施或者賠償損失等違約責任。基於公平原則，當事人一方違約後，另一方應當採取適當措施防止損失的擴大；否則，不得就擴大的損失請求賠償。《民法典》對違約採取了「嚴格責任」，規定當事人一方因第三人的原因造成違約的，仍應當依法向對方承擔違約責任。當事人一方和第三人之間的糾紛，則依照法規或者約定另行處理。譬如，賣方因材料短缺無法正常生產，按合約向買方供貨，也要先承擔違約責任，然後再去追究材料供貨商的責任。

### 4、合同的不同種類

在列明合同的基本原則和制度的基礎上，《民法典》還為 19 種常用的合同設定了更為具體的條文，其中既包括傳統的買賣、借款、租賃、運輸合同、建築工程等，也涵蓋了技術開發諮詢、融資租賃、物業服務等新的合同領域。誠然，現實生活的合同種類絕不僅限於這些，還有很多合同的約定和履行要適用其他的法規，比如勞動法下的勞動合同，擔保法下的擔保合同，或保險法下的保險合同等。

除了上述典型的合同外，《民法典》還規定了兩類「準合同」：「無因管理」和「不當得利」。這兩種情況都不是當事人協商約定的，但基於公平原則，一方要承擔對另一方的給付或返還的責任。前者的例子可以是，寵物走失，好心人發現帶回家餵養照顧

並尋找主人；主人取回寵物時由於受益，應對好心人負有支付必要費用的責任。後者的例子則是，店員找錢時誤把 500 元當成 100 元給了購物者；同樣基於公平原則，店方有權要求購物者返還沒有合法依據、但造成他人損失獲得的利益。

## 四、民法典人格權編

### 1、人格權的概念和範圍

人格權是維護人的價值與尊嚴權利的概念，可涵括生命、身體、健康、姓名、名譽、自由、信用、隱私等，被稱為「人的第二生命」。《民法典》中把人格權單獨成編，體現了對人格及人權的特別重視和保護。法律明確規定，民事主體的人格權受法律保護，任何組織或者個人不得侵害；人格權不得放棄、轉讓或者繼承。民事主體可以依法將自己的姓名、名稱、肖像等許可他人使用，如受到侵害，受害人有權依照法律的規定要求侵權者承擔民事責任，並不受時效的約束。除人格權外，自然人還依法享有生命權、身體權和健康權；自然人的生命安全和生命尊嚴，身體完整和行動自由以及身心健康均受法律保護。受到侵害或者處於其他危難情形時應得到負有法定救助義務的組織或者個人的及時救助。死者的姓名、肖像、名譽、榮譽、隱私、遺體等也受到法律保護；受到侵害時，其配偶、子女、父母都有權依法請求侵權人承擔民事責任。為公共利益進行新聞報道、輿論監督等行為，可以在合理範圍內使用民事主體的個人信息等；使用不合理造成侵害人格權的，應當依法承擔民事責任。

### 2、對隱私權的特別保護

作為人格權的一部分，法律明確保護自然人享有的隱私權，即私人生活安寧和不為他人知曉的私密空間、私密活動、私密信息的權利。因此，任何人不得以刺探、侵擾、泄露、公開等方式侵害他人的隱私權。近年來，特別引起重視的是個人信息的法律保護。《民法典》所規管的個人信息包括電子或者其他方式記錄的能夠與其他信息結合識別特定自然人的各種信息，如自然人的姓名、出生日期、身份證件號碼、生物識別信息、住址、電話號碼、電子郵箱、健康信息、行蹤信息等；個人信息的收集和處理應當遵循合法、正當、必要原則，不得過度處理，並應符合法規和當事人的約定。

## 五、民法典婚姻家庭編

### 1、中國婚姻家庭關係的社會和文化背景

中國是現今世界上人口最多的國家之一。高速發展的市場經濟和社會環境的變化對婚姻家庭關係形成了很大衝擊，因此婚姻家庭關係的穩定對中國和諧社會建設和國家長期發展具有重要意義。在這種環境下，中國的婚姻家庭法律制度既反映出新的社會現實，也體現出中國「養老育幼，相互扶助」的傳統文化理念。《民法典》明確規定，家庭應當樹立優良家風，弘揚家庭美德，重視家庭文明建設。夫妻應當互相忠實，互相尊重，互相關愛；家庭成員應當敬老愛幼，互相幫助，維護平等、和睦、文明的婚姻家庭關係。

### 2、婚姻家庭關係的基本規定

婚姻家庭受國家保護，包括婚姻自由、一夫一妻、男女平等的婚姻制度，婦女、未成年人、老年人、殘疾人的合法權益；禁止包辦、買賣婚姻和其他干涉婚姻自由的行為。禁止藉婚姻索取財物，重婚、非法同居和家庭暴力及家庭成員間的虐待和遺棄。目前法律規定的結婚年齡是男不得早於二十二週歲，女不得早於二十週歲；但在少數民族區域可以有所變通。法律要求結婚的男女雙方應當親自到婚姻登記機關申請辦理結婚登記。完成登記後，國家民政部門會發給結婚證，即標誌着婚姻關係的確立。結婚最重要的條件是男女雙方完全自願；因脅迫結婚的，受脅迫的一方可以向人民法院請求撤銷婚姻。夫妻在婚姻家庭中地位平等，包括夫妻雙方都有各自使用自己姓名的權利和參加生產、工作、學習和社會活動的自由，一方不得對另一方加以限制或者干涉。夫妻雙方平等享有共同對未成年子女撫養、教育和保護的權利和義務。夫妻之間有相互扶養的義務和相互繼承的權利。

### 3、夫妻財產

夫妻在婚姻關係存續期間所得的財產，包括工資、投資經營收益等為夫妻的共同財產，歸夫妻共同所有：夫妻對共同財產，有平等的處理權，除非當事人另有約定。夫妻一方因家庭日常生活需要而進行的民事法律行為，對夫妻雙方都有約束力。譬如，丈夫不能以不知道為由拒絕支付妻子為子女購買的合理的生活用品和家政服務。因此，夫妻雙方共同同意或者夫妻一方在婚姻關係存續期間以個人名義為家庭日常生活需要所承擔的債務，為夫妻共同債務。法律允許男女雙方以書面形式約定婚姻關係存續期間所得的財產以及婚前財產歸各自所有、共同所有或者部分各自

所有。這種約定對雙方具有法律約束力。在婚姻關係存續期間，如果一方有隱藏、轉移、變賣、毀損、揮霍夫妻共同財產或者偽造夫妻共同債務等嚴重損害夫妻共同財產利益的行為，或是一方拒絕為負有法定扶養義務的人所患重大疾病支付醫治費用，夫妻一方可以向人民法院請求分割共同財產。

### 4、父母子女關係

父母有教育、保護未成年子女的權利和義務。未成年子女造成他人損害的，父母應當依法承擔民事責任。子女應當尊重父母的婚姻權利，不得干涉父母離婚、再婚以及婚後的生活。子女對父母的贍養義務也不因父母的婚姻關係變化而終止。婚生子女和非婚生子女享同等的權利；父母和子女有相互繼承遺產的權利。

### 5、離婚

夫妻雙方自願離婚的，應當簽訂書面離婚協議，表明雙方自願離婚的意願和對子女撫養、財產以及債務處理等事項達成的一致意見，並親自到婚姻登記機關辦理離婚登記。婚姻登記機關查明雙方確實是自願離婚，並已經對子女撫養、財產以及債務處理等事項協商一致的，予以登記，發給離婚證。夫妻一方要求離婚的，可以由有關組織（如居民委員會）進行調解或者直接向人民法院提起離婚訴訟。人民法院審理離婚案件，應當先進行調解；如果感情確已破裂，調解無效的，應當准予離婚。

## 六、民法典侵權責任編

### 1、侵權責任的概念和責任

因過錯侵害他人民事權益造成損害的，應當承擔侵權賠償責

任。侵權責任又可包括嚴格侵權責任和過錯侵權責任。前者指行為人造成他人民事權益損害，不論有無過錯，只要法律規定應當承擔侵權責任的，則須依法承擔責任。典型的例子如，從事高度危險作業（如高空、高壓、易燃、易爆、劇毒、放射性等作業）造成他人損害，或產品存在缺陷造成他人損害，作業方或生產者應當承擔侵權責任，除非能夠證明損害是因受害人故意或者不可抗力造成的。這種責任被稱為嚴格責任。而後者則是損害發生時，只有證明被告存在過錯，才需要承擔損害賠償責任。二人以上共同實施侵權行為，包括教唆或幫助他人實施侵權行為，造成他人損害的，應當承擔連帶責任。

《民法典》對侵權行為和責任做了分類，除一般損害賠償外，還包括產品責任、機動車交通事故責任、醫療損害賠償、環境污染和生態破壞責任、高度危險責任、飼養動物損害責任、建築物和物件損害責任等。針對社會環境變化，《民法典》還對利用網絡侵害他人民事權益，勞務派遣工作中受到的損害，賓館、商場、車站、機場、體育場館、娛樂場所以及幼兒園和學校的經營者和管理者或者群眾性活動組織者造成的人身損害做出了規定。

## 2、承擔侵權責任的不同情況

具有完全民事行為能力的人應對其侵權行為承擔損害賠償責任；如果完全民事行為能力人對自己的行為暫時沒有意識或者失去控制造成他人損害有過錯的，如酗酒或吸毒，也應承擔侵權責任；沒有過錯的，則應根據行為人的經濟狀況對受害人適當補償。無民事行為能力人、限制民事行為能力人造成他人損害的，由監護人承擔侵權責任。監護人盡到監護職責的，可以減輕其侵權責任。

### 3、侵權責任範圍

損害賠償的範圍包括因人身損害而應當賠償的醫療費、護理費、交通費、營養費、住院伙食補助費等為治療和康復支出的合理費用，以及因誤工減少的收入。造成殘疾的，還應當賠償輔助器具費用和殘疾賠償金；造成死亡的，還應當賠償喪葬費和死亡賠償金。侵害人身權益造成嚴重精神損害的，受害人還有權請求精神損害賠償。

侵害他人人身權益造成財產損失的，按照受害人受到的損失或者侵權人因此獲得的利益進行賠償；受害人受到的損失以及侵權人獲得的利益難以確定，被侵權人和侵權人無法就賠償數額協商一致，可提起訴訟，由人民法院根據實際情況確定賠償數額。損害發生後，當事人可以協商賠償費用的支付方式。賠償費用可按當事人協議一次性支付或分期支付。如是不可抗力造成損害，受害人和行為人都沒有過錯的，可依法由雙方分擔損失。

# 第二節　公司法

改革開放以來，市場經濟得到了長足的發展。公司是市場運作的基本組織形式，公司法也就成為市場經濟中和商法中最基礎的法律。自改革開放以來，國家推動國有企業改革和引進現代企業制度，實現了從國有企業的「一統天下」到絕大多數企業公司化改革，市場運作日益與國際接軌。在這一進程中，中華人民共和國第一部《公司法》自 1993 年頒行以來，先後經歷了幾次重大修訂，公司制度不斷成熟。

# 一、公司的定義和分類

　　根據《公司法》，公司是企業法人，享有自己獨立的財產和財產權。公司以其全部財產對其債務承擔責任。公司從事經營活動，必須遵守法律、行政法規，遵守社會公德、商業道德，誠實守信，接受政府和社會公眾的監督，承擔社會責任。公司的合法權益受法律保護，不受侵犯。《公司法》要求每個公司必須有自己的代表人，所以稱為法定代表人。依照公司章程的規定，法定代表人可由董事長、執行董事或者經理擔任，並依法登記；其主要作用是代表公司行使職權，如主持公司工作、接收簽署文件、代表出庭應訴等。

　　根據規模不同，公司可分為有限責任公司和股份有限公司。前者因人數較少，在西方通常被稱為「私有公司」；在中國則是指由五十個以下股東出資設立的公司；而後者股東人數沒有限制，及至包括股東人數眾多，在證券市場發行股票融資上市的公司；即西方通常所稱的公眾公司。設立股份有限公司，應當有二人以上二百人以下為發起人，其中須有半數以上的發起人在中國境內有住所。具體方式，可由發起人認購公司應發行的全部股份而設立公司（發起設立），或由發起人認購公司應發行股份的一部分，其餘股份向社會公開發行或者向特定對象募集而設立公司（募集設立）。

　　作為有限責任公司的一種特別形式，《公司法》允許設立一人有限責任公司，就是只有一個自然人股東或者一個法人股東的有限責任公司。由於大型公司下設全資子公司的現象已十分普遍，引入「一人公司」制度的目的主要是鼓勵更多的自然人個體可以

利用公司有限責任的保護，參加市場活動；但由於這種公司運作中有一定不確定性，法律限制一個自然人只能投資設立一個一人有限責任公司。一人有限責任公司不設股東會，但對重大事項的決定必須採用書面形式，股東簽名後置備於公司。另外，一人有限責任公司每一會計年度終了時的財務會計報告須經會計師事務所審計。為防止股東和其控制的一人有限責任公司的財產混同，在公司遭遇糾紛時，如個體股東不能證明公司財產獨立於股東自己的財產，則應對公司債務一起承擔連帶責任。

## 二、公司的設立、資本制度和經營範圍

設立公司，應當依法向公司登記機關申請設立登記；一些法規法規要求公司辦理事先批准手續後，才可以進行工商登記，如進入一些市場准入有限制的領域或要求有特別資質的公司。登記手續完成後，由公司登記機關發給公司營業執照。公司營業執照簽發日期為公司成立日期。以前公司登記程序頗為繁雜，且因公司不同性質有不同要求；2016 年以後國家進行了公司登記制度改革，從審批制改為備案制。2021 年發佈的《市場主體登記管理條例》按照依法合規、規範統一、公開透明、便捷高效的原則，統一適用於所有市場主體，即對營利為目的從事經商活動的自然人、法人及非法人組織不再做不同所有制的劃分。設立公司必須依法制定公司章程，是公司運作和治理的根本依據。公司章程對公司、股東、董事、監事、高級管理人員具有約束力。《公司法》要求公司章程應當載明的事項包括公司名稱和住所、公司經營範圍、公司註冊資本、股東的姓名或者名稱、股東的出資、公司的

機構及產生辦法、職權、議事規則、公司法定代表人等。股東應當在公司章程上簽名或蓋章。

公司資本制度。隨着市場改革的深入，《公司法》對公司資本制度的要求逐步放寬，取消了法定最低資本以適應公司的自主靈活運作的要求；有限責任公司股東的出資應按公司章程規定的認繳額和時間進行。以發起設立方式設立股份有限公司的，發起人應當書面認足公司章程規定其認購的股份，按照公司章程規定繳納出資；以募集設立方式設立股份有限公司的，發起人認購的股份一般不得少於公司股份總數的百分之三十五，其餘部分向社會公開募集或者向特定對象募集。股東出資形式也更為靈活，可以用貨幣出資，也可以用實物，知識產權、土地使用權等出資。為督促股東履行其出資責任，《公司法》規定，股東按照實際繳付的出資比例分取紅利；公司成立後，股東不得抽逃出資。

公司經營範圍。中國營商環境的改善也體現在對公司經營範圍的規定上。《公司法》仍要求公司章程規定公司經營範圍，依法登記並對經營一些特別產業，如軍工、媒體、金融、醫藥等行業，設定了審批程序。但總體而言，《市場主體登記管理條例》已大幅減少對企業經營範圍的行政強制性要求，特別是廢除了超出經營範圍的處罰。也就是說，超出經營範圍從事經營活動一般不屬於違法行為，不會受到處罰；但公司不能經營法規禁止或需經核准審批的行業（如軍火、文物、藥品等），否則會承擔法律責任。

### 3、公司治理結構

中國公司的組織結構和治理模式和世界通行的做法相似，但也有中國自己的鮮明特色。根據《公司法》，股東會是公司的最

高權力機構，依照法律和公司章程行使賦予的職權，決定公司的經營方針和投資計劃，選舉和更換公司董事高管，審議批准董事會的報告及公司年度財務預算方案、決算方案；公司的利潤分配方案和彌補虧損方案；增加或者減少註冊資本；修改公司章程；公司合併、分立、解散、清算等重大事項。

有限責任公司的股東會議分為定期會議和臨時會議。定期會議應當依照公司章程的規定按時召開。代表十分之一以上表決權的股東，三分之一以上的董事、監事會亦可提議召開臨時會議。而股份有限公司股東應當每年召開一次年會；《公司法》並規定了臨時股東會應當在兩個月內召開的情況，包括公司董事人數不足法定人數，公司未彌補的虧損達實收股本總額三分之一，單獨或者合計持有公司百分之十以上股份的股東提出請求，和公司董事會認為有必要時。股東會會議由股東按照出資比例行使表決權，除非公司章程另有規定。股東會的議事方式和表決程序主要由公司章程規定；但《公司法》規定，股東會作出修改公司章程、增加或者減少註冊資本的決議，以及公司合併、分立、解散或者變更公司形式等重大決議，必須經代表三分之二以上表決權的股東通過。

公司應設董事會，設董事長一人，可以設副董事長；其產生辦法由公司章程規定和股東會選任。董事任期由公司章程規定，每屆任期不得超過三年；但可連選連任。董事會成員中可有職工代表。董事會是公司最高決策執行機構，對股東會負責，行使的職權包括召集股東會會議，並向股東會報告工作；執行股東會的決議；決定公司的經營計劃、投資方案、預算決算及利潤分配方案；制訂公司增資減資方案；決定公司內部管理機構的設置；制

定公司的基本管理制度等。董事會實行一人一票；作出決議，應由全體董事的過半數通過。對於股份有限公司的董事，《公司法》特別規定，董事應當對董事會的決議承擔責任。董事會的決議違反法律、行政法規或者公司章程、股東大會決議，致使公司遭受嚴重損失的，參與決議的董事對公司負賠償責任。但經證明在表決時曾表明異議並記載於會議記錄的，該董事可以免除責任。

中國公司法和證券法都規定了獨立董事制度，即獨立於公司股東且不在公司內擔任任何職務，與公司經營沒有關聯，可對公司事務做出獨立判斷的董事。中國證監會於 2022 年發佈了《上市公司獨立董事規則》，要求上市公司董事會中至少有三分之一的獨立董事並至少有一名專業會計師，並應在審計委員會、提名委員會、薪酬與考核委員會成員中佔多數，並擔任召集人。獨立董事制度主要是為了防止大股東操縱董事會，侵害中小股東利益。

### 4、公司董事、高管責任

《公司法》對公司董事和高管的任職資格和履職責任做出了規定。不能擔任公司董事和高管的情況包括無民事行為能力或者限制民事行為能力；因嚴重財產或經濟犯罪被判處刑罰，執行期滿未逾五年；對前任職公司、企業的破產負有個人責任，破產清算完結之日起未逾三年；對因違法被吊銷營業執照、責令關閉的公司、企業負有個人責任的前負責人在該公司、企業被吊銷營業執照之日起未逾三年；及個人負有數額較大債務到期尚未清償等。

公司董事和高管在履職期間應當遵守法規和公司章程，對公司負有忠實義務和勤勉義務，不得利用職權收受賄賂或者其他非法收入，不得侵佔和挪用公司的財產，將公司資金以其個人名義或者以其他個人名義開立賬戶存儲；違反公司章程，未經同

意，將公司資金借貸給他人或者以公司財產為他人提供擔保；違反公司章程或未經股東會同意，自己與本公司訂立合同或者進行交易；未經同意，利用職務便利為自己或者他人謀取屬於公司的商業機會，與公司進行同業競爭；私下接受他人與公司交易的佣金歸為己有；擅自披露公司祕密等違反對公司忠實義務的其他行為。董事和高管違反這些規定所得的收入應當歸公司所有。給公司造成損失的，還應當承擔賠償責任。

公司董事會下可設經理，由董事會決定聘任或者解聘；亦可由董事會成員兼任經理。經理對董事會負責，主要職權是主持公司的生產經營管理工作，組織實施董事會決議；組織實施公司年度經營計劃和投資方案；制定公司的具體規章；提請聘任或者解聘公司副經理、財務負責人及董事會授予的其他職權等。

### 5、公司治理中的中國特色

在世界普遍實行的公司治理結構外，《公司法》還有一些中國特色的特別規定。首先，中國的公司內應設有監事會，包括股東代表和職工代表；其主要職權是對公司董事和高管履職進行監督，如檢查公司財務；對董事、高級管理人員執行公司職務的行為進行監督，並對違反法規、公司章程或者股東會決議的董事、高級管理人員提出罷免的建議；發現董事、高級管理人員的行為損害公司的利益時，要求董事、高級管理人員予以糾正；提議召開臨時股東會議，並提出提案；代表公司對違反法規和公司章程的董事高管提起訴訟等。監事可以列席董事會會議，並對董事會決議事項提出質詢或者建議。《公司法》規定，監事會如發現公司經營情況異常，可以進行調查；必要時，可以自己聘請會計師事務所等協助其工作，費用由公司承擔。對董事高管設定的忠實勤

勉的法定責任也同樣適用於公司監事。但對比其他有監事會的國家，中國《公司法》下監事會的地位與董事會平列，都是由股東會選任，向股東會負責；而不是像德國公司中由監事會選任董事會。

職工和工會在中國公司治理中有着重要作用。《公司法》規定，公司必須保護職工的合法權益，依法與職工簽訂勞動合同，參加社會保險，加強勞動保護，實現安全生產和技能培訓。公司職工應依法組織工會，開展活動，維護職工合法權益。公司應當為本公司工會提供必要的活動條件。公司工會可代表職工就職工的勞動報酬、工作時間、福利、保險和勞動安全衛生等事項依法與公司簽訂集體合同。公司研究決定改制以及經營方面的重大問題、制定重要的規章制度時，應當聽取公司工會的意見，並通過職工代表大會或者其他形式聽取職工的意見和建議。董事會中可有職工代表；而監事會則應當包括職工代表，其比例不得低於三分之一。

《公司法》明確規定，在公司中，根據《中國共產黨章程》的規定，設立中國共產黨的組織，開展黨的活動。公司應當為黨組織的活動提供必要條件。目前所有國資公司和絕大多數私營公司和外資企業都建立了黨的組織，正在進行把黨的作用融入公司治理的探索。

### 6、公司中小股東保護

對於股東之間的關係，《公司法》規定，公司股東不得濫用股東權利給公司或者其他股東造成損失；公司的控股股東、實際控制人、董事、高管不得利用其關聯關係損害公司利益。否則，都將會承擔賠償責任。為保障中小股東的權益，《公司法》設定了一系列司法救濟。譬如，股東會或董事會會議程序、表決方式違

反法規或公司章程，或者決議內容違反公司章程，股東可以在決議作出六十日內，請求人民法院撤銷。另外，股東有權查閱、複製公司章程、股東會會議記錄、董事會會議決議、監事會會議決議和財務會計報告。董事高管違法違規，對公司造成損失時，小股東在滿足一定持股條件下，可以向人民法院提起訴訟；在情況緊急、不立即提起訴訟將會使公司利益受到難以彌補損害的情況下，股東甚至有權為了公司的利益以自己的名義直接向人民法院提起訴訟。

### 7、公司股權轉讓

公司股權是財產權，可以轉讓或者繼承。股份有限公司由於規模大，轉讓可有較高自由度和選擇權，公開上市的股票可以在證券市場直接買賣交易；而對於人數較少的有限責任公司的股權轉讓則需更多依據法律的規定。《公司法》規定，有限責任公司的股東向股東以外的人轉讓股權，應當經公司其他股東過半數同意。股東應就其股權轉讓事項書面通知其他股東徵求同意，其他股東自接到書面通知之日起滿三十日未答覆的，視為同意轉讓。其他股東半數以上不同意轉讓的，不同意的股東應當購買擬轉讓的股權；不購買的，視為同意轉讓。經股東同意轉讓的股權，在同等條件下，其他股東有優先購買權。兩個以上股東都主張行使優先購買權的，可協商確定各自的購買比例。

在深化改革的進程中，《公司法》正在迎來又一次的修訂。根據人大常委會的立法規劃，新的《公司法》將在 2023 年被審議通過。根據已經發佈的徵詢意見草案，新一輪《公司法》改革的方向是，進一步簡化公司程序，以更好激發市場創新活力；強化公司法定代表人、董事高管人員職能分工，進一步提高他們的責任

意識，加強公司產權保護；強化公司社會責任的法律定位。

# 第三節　知識產權法

## 一、知識產權法律制度概況

知識產權制度的核心目的就是保護創新。在全球經濟一體化和高新科技革命的浪潮中，知識產權在商業活動中的地位和作用越來越重要。中國在市場經濟高速發展，趕超世界先進國家進程中，已經把知識產權定位為國家發展戰略性資源和國際競爭力核心要素，成為建設創新型國家和擴大對外開放的重要支撐。

### 1、知識產權法律制度的發展

自上世紀 80 年代初以來，中國頒行了《商標法》《專利法》和《著作權法》，並與時俱進進行了多次修訂，以適應市場發展的需要和國際發展的趨勢。同時，加入了一系列重要的知識產權國際條約。中國在《民法典》中明確知識產權屬於民事權利和侵犯知識產權的民事責任，特別是規定了懲罰性罰款制度；在民事訴訟中，為解決「舉證難」問題，明確規定法院可以責令侵權人提供與侵權行為相關的賬簿、資料等，不提供的將承擔不利後果；並通過《刑法》修訂增設「侵犯知識產權罪」專節，完善侵犯知識產權的刑事責任。近年來，計算器軟件、集成電路、植物新品種、奧林匹克標誌、大數據、人工智能、基因技術等新領域也進入了知識產權立法保護的範圍。

為強化知識產權保護，國家知識產權領域不斷提高執法和懲處力度。對知識產權侵權行為，市場監管和其他政府主管部門都

有權依法查處；涉嫌犯罪的，由司法機關依法追究刑事責任。《著作權法》《商標法》和《專利法》都規定，侵犯知識產權，侵權人應當按照權利人因此受到的實際損失或者侵權人的違法所得給予賠償；權利人的實際損失或者侵權人的違法所得難以計算的，可以參照相關權利使用費合理確定賠償數額。賠償數額還應當包括權利人為制止侵權行為所支付的法律費用等合理開支。

2014 年 8 月全國人大常委會通過《關於在北京、上海、廣州設立知識產權法院的決定》。全國首批三家知識產權法院正式誕生，承擔起改革先行先試的任務。數據顯示，2021 年，中國查處專利、商標等領域違法案件 5.01 萬件，查辦侵權盜版案件 2957件，刪除侵權盜版鏈接 119.7 萬條，批准逮捕涉及侵犯知識產權犯罪案件 4500 餘件、7800 餘人。2012 年至 2021 年，國內知識產權保護社會滿意度由 63.69 分提升到 80.61 分。近年來，《民法典》、知識產權立法修訂和一系列最高人民法院司法解釋都確立了知識產權懲罰賠償金的制度，即在故意侵犯知識產權，情節嚴重的案件中，如權利人的實際損失、侵權人的違法所得、權利使用費難以計算的，可採用（權利人受到的實際損失或者侵權人的違法所得為）基數乘以倍數的方法，由人民法院根據侵權行為的情節，判決給予五百元以上五百萬元以下的賠償。司法實踐中，人民法院已逐步嚴格實施知識產權侵權懲罰性賠償制度，以有效遏制知識產權侵權行為。

來自世界知識產權組織的報告顯示，中國正在成為一個創新大國；在 2022 年全球創新指數的排名已由第 35 位提升至第 11位，位居中等收入經濟體之首；中國國際專利申請量連續四年位居世界首位。中國發明專利數量的提升和國內高新科技企業的快

速增加都反映出國內企業的創新活力。在法治建設層面，改革開放以來，特別是中國加入世界貿易組織後，中國深度參與世界知識產權規則體制下的全球知識產權治理，推動完善相關規則和標準。從這個意義上說，中國知識產權立法與其他法律部門相比，與國際體制接軌最為緊密。

### 2、中國知識產權發展面臨的挑戰

中國知識產權法律制度發展面臨着不小挑戰。一方面是新的科技革命給產業發展帶來了巨大的變化，顛覆性技術的突破使新產品、新業態、新商業模式不斷湧現，產業高度融合、產業邊界逐漸模糊，甚至突破了原有的知識產權體系。譬如虛擬現實技術（VR）已廣泛應用於遊戲、教育、旅遊、醫療等產業；人工智能和大數據技術也在迅猛發展和延伸。在這些新興領域內的創新成果如何保護的問題上仍未形成共識，有些甚至仍存有較大爭議。另一方面，地緣政治因素使知識產權問題複雜化，特別是國家安全因素近年來變得更加敏感，一些關鍵領域的知識產權合作將變得十分困難。近年來，美國在世貿啟動的爭端程序和發起的「貿易戰」都是這方面的例證。自改革開放以來，有效知識產權保護也一直是外商在中國投資的主要關注事項。

## 二、商標法

### 1、商標的概念和作用

商標是能夠將一家企業的商品或服務與其他企業的商品或服務區別開的標誌，是商業活動中重要的制度。經國家核准註冊的商標包括商品商標和服務商標；此外還有集體商標和證明商標。

前者指以團體、協會或者其他組織名義註冊，供該組織成員在商業活動中使用，以表明使用者在該組織中的成員資格的標誌，譬如「新華書店」即是中國新華書店協會的集體商標，「世中聯」則是世界中醫藥學會聯合會申請的集體商標，「四川扶貧」是四川省公益團體的集體商標等。而後者是指由對某種商品或者服務具有監督能力的組織所控制，使用於特定商品或者服務，用以證明該商品或者服務的原產地、原料、製造方法、質量等的標誌，例如商場上常見的「綠色食品」、「真皮」或「純羊毛」等證明標誌。商標是知識產權重要的組成部分，商標註冊人享有商標專用權，受法律保護。

### 2、商標管理

商標局隸屬於國務院下知識產權局，是全國商標註冊和管理的主管機關。商標局並設有商標評審委員會，負責處理商標爭議事宜。是否註冊商標取決於當事人的自願，但商標註冊是商標使用人取得商標專用權的前提和條件，只有經核准註冊的商標，才能受到法律保護。所以，商標註冊原則是確定商標專用權的基本準則。《商標法》確立了「申請在先」的制度，即兩個或者兩個以上的申請人，在同一種商品或者類似商品上，以相同或者近似的商標申請註冊的，商標主管機關初步審定並公告申請在先的商標。

申請商標註冊時，首先要確定商標的內容。法律要求，任何能夠將自然人、法人或者其他組織的商品與他人商品區別開的標誌，包括文字、圖形、字母、數字、三維標誌、顏色組合和聲音等，以及上述要素的組合，均可以作為商標申請註冊。同時，申請註冊的商標，應當有顯著特徵，便於識別。

商標的標識不得與他人在先取得的合法權利相衝突，也不得使用法律禁止的標誌，如與中國和外國國旗、國徽、國歌、軍旗、軍徽相同或者近似的標誌。其他不得作為商標的情況包括近似「紅十字會」的名稱，帶有民族歧視性的，帶有欺騙性、容易使公眾對商品的質量等特點或者產地產生誤認的，以及有害於社會主義道德風尚或者有其他不良影響的標誌等。

還有一些標誌也不能被用作商標，因為其缺乏「顯著性」，只有商品的通用名稱、圖形、型號，或僅直接表示商品的質量、主要原料、功能、用途、重量、數量及其他特點的；抑或缺乏顯著特徵。在中國內地一起有名的「陳麻花」商標爭議案中，最高人民法院認為四川從事麻花經營者眾多，許多生產廠家以及有關市場監管部門已將陳麻花指認歸類為一種產品，所以「麻花」在商標上缺乏顯著性。

### 3、馳名商標

根據《保護工業產權巴黎公約》，中國《商標法》也規定了對「馳名商標」的保護。所謂「馳名商標」是一個法律概念，指為相關公眾所熟知，具有很高知名度的商標，不能由廠家自稱，而須經過商標評審委員會或人民法院的認定。認定馳名商標應當根據當事人的請求，並考慮相關公眾對該商標的知曉程度，該商標使用的持續時間，該商標的任何宣傳的持續時間、程度和地理範圍，該商標作為馳名商標受保護的記錄，以及其他相關因素。

中國現已認定的「馳名商標」已超過 1600 個，其中也包括約百個外資品牌，如市場上熟知的茅台（酒）、青島（啤酒）、馬可波羅（瓷磚）、TOTO（衛浴）等。馳名商標持有人認為其權利受到侵害時，可以依照法律規定請求馳名商標保護。但為保障公平

競爭，生產、經營者不得將「馳名商標」字樣用於商品、商品包裝或者容器上，或者用於廣告宣傳、展覽以及其他商業活動中。

### 4、商標註冊

商標註冊申請人應當按商品的分類填報使用商標的商品類別和商品名稱，提出註冊申請。申請申報的事項和所提供的材料應當真實、準確、完整。基於「申請在先」的原則，如果商標註冊申請人在外國第一次提出商標註冊申請，其後六個月內，又在中國就相同商品以同一商標提出商標註冊申請的，可以依照該外國同中國簽訂的協議或者共同參加的國際條約，或者按照相互承認優先權的原則，獲得申請優先權的承認。商標在中國政府主辦的或者承認的國際展覽會展出的商品上首次使用的，自該商品展出之日起六個月內，該商標的註冊申請人也可以享有優先權。

對申請註冊的商標，商標局應當自收到商標註冊申請文件之日起九個月內審查完畢，如符合法律規定，則予以初步審定公告。對初步審定公告的商標，自公告之日起三個月內，如有利害關係人認為申請註冊有違反法規的情況，可以向商標局提出異議。公告期滿無異議的，商標局將予以核准註冊，發給商標註冊證並進行公告。申請人對商標註冊評審結果不服的，可以自收到通知之日起十五日內向商標評審委員會申請複審。當事人對商標評審委員會的決定仍不服的，可以自收到通知之日起三十日內向人民法院起訴。

外國人或者外國企業在中國申請商標註冊的，應當按其所屬國和中國簽訂的協議或者共同參加的國際條約辦理，或者按對等原則辦理。他們申請商標註冊或者辦理其他商標事宜，可以自行辦理，也可以委託依法設立的商標代理機構辦理。中國商標代理

機構數量眾多，素質參差不齊。所以國家知識產權局於 2022 年 12 月發出公告，要求商標代理機構重新進行備案。對未在規定時限內完成重新備案的商標代理機構，國家知識產權局將不再受理其提交的商標代理業務申請。

註冊商標的有效期為十年，自核准註冊之日起計算。註冊商標有效期滿，需要繼續使用的，商標註冊人應當在期滿前十二個月內按照規定辦理續展手續；在此期間未能辦理的，可有六個月的寬展期。每次續展註冊的有效期為十年。商標有限期滿未辦理續展手續的，商標將被註銷。

### 5、商標的使用

商標註冊人可以通過協議轉讓註冊商標，這意味着商標所有權的轉移。受讓人應當保證使用該註冊商標的商品質量。商標註冊人亦可通過協議，許可他人使用其所有的商標，許可人應當監督被許可人使用其註冊商標的商品質量。被許可人應當保證使用該註冊商標的商品質量。

對於已經註冊的商標，發現違反法規或者是以欺騙手段及其他不正當手段取得註冊的，由商標局宣告該註冊商標無效；其他單位或者個人也可以請求商標評審委員會宣告該註冊商標無效。當事人對商標局的決定不服的，可以申請複審；對複審決定仍不服的，可以向人民法院提起訴訟。

商標的使用是指將商標用於商品、商品包裝或者容器以及商品交易文書上，或者將商標用於廣告宣傳、展覽以及其他商業活動中，用於識別商品來源的行為。商標註冊人在使用註冊商標的過程中，不得擅自改變註冊商標、註冊人名義、地址或者其他註冊事項；否則市場監管部門將責令限期改正；期滿不改正的，

商標局將撤銷其註冊商標。商標完成註冊後，沒有正當理由連續三年不使用的，任何單位或者個人可以向商標局申請撤銷該註冊商標。

### 6、商標侵權的法律責任

法律禁止侵犯註冊商標專用權，包括未經商標註冊人的許可，在同一種商品上使用與其註冊商標相同的商標的；在同一種商品上使用與其註冊商標近似的商標，或者在類似商品上使用與其註冊商標相同或者近似的商標，容易導致混淆的；銷售侵犯註冊商標專用權的商品的；偽造、擅自製造他人註冊商標標識或者銷售偽造、擅自製造的註冊商標標識的；故意為侵犯他人商標專用權行為提供便利條件，幫助他人實施侵犯商標專用權等行為。將他人註冊商標、未註冊的馳名商標作為企業名稱中的字號使用，誤導公眾，構成不正當競爭行為的，依照《反不正當競爭法》處理。

## 三、專利法

### 1、專利的概念和範圍

《專利法》所保護的發明創造包括發明、實用新型和外觀設計。發明，是指對產品、方法或者改進提出新的技術方案。實用新型，是指對產品的形狀、構造或者其結合所提出的適於實用的新的技術方案。外觀設計，是指對產品的整體或者局部的形狀、圖案或者其結合以富有美感並適於工業應用的新設計。2020 年國家在再次修改《專利法》時，特別明確局部外觀設計也受法律保護，使法律規制更為完善。

授予專利權的發明和實用新型，應當具備新穎性、創造性和實用性。所謂「新穎性」，是指該發明或者實用新型是首次提出專利申請。但申請專利的發明創造人如基於法定原因，在申請日之前六個月內曾有公開，並不失去其新穎性，如在國家出現緊急狀態或者非常情況時，為公共利益目的首次公開的；在中國政府主辦或者承認的國際展覽會上首次展出的；在規定的學術會議或者技術會議上首次發表等。創造性，是指創造發明比之已有的技術有實質性的特點和顯著的進步。實用性，是指發明創造能夠用於製造或被使用並產生積極效果。

　　《專利法》對專利權範圍也作了一定限制，即某些發明和發現不能被授予專利權；譬如科學發現、智力活動的規則和方法、疾病的診斷和治療方法、動物和植物品種、原子核變換方法以及用原子核變換方法獲得的物質等。同時法律規定，對違反法律、社會公德或者妨害公共利益的發明創造，或違反法律、行政法規的規定獲取或者利用遺傳資源完成的發明創造，不授予專利權。

　　2、專利的管理和申請

　　為獲得專利權，申請人必須以書面形式辦理法定的申請手續，包括提交請求書、說明書及其摘要和權利要求書等文件。除「先申請原則」外，同樣的發明創造只能授予一項專利權，又稱為「單一性原則」。發明創造可以由兩個以上的個人或單位合作完成；除另有協議，專利的權利屬於共同完成的單位或者個人。

　　國務院知識產權局下的專利局負責管理全國的專利工作，統一受理和審查專利申請，依法授予專利權。在國家專利局下，成立有中國專利信息中心，是國家級大型專利信息服務機構，擁有國家知識產權局賦予的專利數據庫管理權和使用權。《專利法》要

求國家專利部門按照客觀、公正、準確、及時原則，依法處理有關專利的申請和請求。

專利的審批程序包括受理、初步審查及實質審查。專利主管部門收到發明專利申請後，經初步審查認為合法的，自申請日起滿十八個月，進行公佈；申請人亦可請求專利主管部門早於十八個月期限前公佈其申請。發明專利申請自申請日起三年內，專利部門可以根據申請人隨時提出的請求，對專利申請進行實質審查；申請人無正當理由逾期不請求實質審查的，申請即被視為撤回。專利主管部門認為必要的時候，也可以自行對發明專利申請進行實質審查。自專利主管部門公告授予專利權之日起，任何人如認為該專利權的授予不合法，可以請求專利主管部門宣告該專利權無效。

在中國沒有經常居所或者營業所的外國人、外國企業或者外國其他組織在中國申請專利的，依照其所屬國家和中國簽訂的協議或者共同參加的國際條約，或者依照互惠原則辦理。在中國沒有經常居所或者營業所的外國人、外國企業或者外國其他組織在中國申請專利和辦理其他專利事務的，應委託依法設立的專利代理機構辦理。任何單位或者個人將在中國完成的發明或者實用新型向外國申請專利的，應當事先報經國家主管部門進行保密審查。中國單位或者個人可以根據中國參加的有關國際條約提出專利國際申請，由專利部門依照中國參加的有關國際條約、《專利法》及其他國家規定進行處理。

### 3、專利權保護

專利申請被批准後，發明人或設計人是專利權人。專利權人所享有的主要權利包括：獨佔實施權，即專利權人可以排他的利

用其專利；禁止權，即專利權人有禁止他人未經許可使用其專利或進口以其專利製造銷售的產品；轉讓權，即專利權人通過簽訂書面合同，並經專利主管部門公告批准轉讓其專利權。此外，專利權人還可許可他人實施其專利；許可不同於轉讓，專利權仍屬於專利權人，被許可人只得到在一定條件下使用專利的權利。

《專利法》規定發明專利權的保護期限是 20 年，實用新型的保護期限為 10 年，外觀設計專利權的期限為 15 年，均是自申請之日起計算。專利權在期限屆滿時終止；但如專利權人沒有按照規定繳納年費，或以書面聲明放棄其專利權，專利權則在期限屆滿前終止。

### 4、專利的強制許可

專利權人享受權利的同時，也負有相應的法律義務，包括公開其發明創造、繳納專利年費，和實施專利發明創造的義務。設立專利的主要目的就是保護創新，加快發明創造的推廣和應用，造福於社會。但如專利權人取得專利後，自己不實施，也不許可他人使用，專利制度就失去了作用。為此專利主管部門和政府機構負有責任，加強專利公共服務，促進專利實施和運用。

《專利法》規定了專利實施的強制許可制度。在下列情形之下，專利主管部門可根據具備實施條件的單位或者個人的申請，對實施發明專利或者實用新型專利發出強制許可：（1）專利權人自專利權被授予之日起滿三年，且自提出專利申請之日起滿四年，無正當理由未實施或者未充分實施其專利的；（2）專利權人行使專利權的行為被依法認定為壟斷行為，為消除或者減少該行為對競爭產生的不利影響的；（3）國家出現緊急狀態或者非常情況，為了公共利益或公共健康的目的，需要實施專利的；（4）新

的專利實施有賴於前一專利的實施，而新的專利實施具有顯著經濟意義的重大技術進步。

### 5、專利侵權責任

對發明或者實用新型專利權的保護範圍以專利權利申請的內容為準，說明書及附圖可以用於解釋權利要求的內容。外觀設計專利權的保護範圍以表示在圖片或者照片中的該產品的外觀設計為準，簡要說明可以用於解釋圖片或者照片所表示的該產品的外觀設計。未依法經專利權人許可，實施其專利，即構成專利侵權。發生專利侵權後，當事人如無法協商解決，專利權人或者利害關係人可以向人民法院起訴，也可以請求專利主管部門處理。《專利法》特別規定，向外國申請專利，泄露國家祕密的，可能會構成犯罪，被依法追究刑事責任。《專利法》也規定了一些例外情況，如在專利申請日前已經製造相同產品或使用相同方法，並且僅在原有範圍內繼續製造使用，抑或是專為科學研究和實驗而使用有關專利等，則不構成專利侵權。

## 四、著作權法

### 1、著作權的概念和範圍

著作權，即是通常所講的版權。《著作權法》規定，中國公民、法人或者非法人組織的作品，不論是否發表，都依法享有著作權。外國人、無國籍人的作品根據其作者所屬國或者經常居住地國同中國簽訂的協議或者共同參加的國際條約享有的著作權，享受法律保護。外國人、無國籍人的作品首先在中國境內出版的，依法享有著作權。

著作權保護的範圍十分寬泛，包括文字作品，口述作品，音樂、戲劇、曲藝、舞蹈、雜技藝術作品，美術、建築作品，攝影和視聽作品，工程設計圖、產品設計圖、地圖、示意圖和模型作品，計算機軟件等。然而，國家法規，政府機關的決定、命令等，單純事實消息和曆法、通用數表、通用表格和公式等則不屬於著作權法適用的範圍。在 2020 年修改《著作權法》時，特別對著作權類型作出開放性規定，為將來可能出現新類型的版權預留出空間。

### 2、著作權管理

國家版權局是國務院著作權行政管理部門，主管全國的著作權管理工作，包括：對作品的著作權登記和法定許可使用進行管理；承擔著作權涉外條約有關事宜，處理涉外及港澳台的著作權關係；組織查處著作權領域重大及涉外違法違規行為；組織推進軟件正版化工作。在國家版權局之下，還設有中國版權保護中心，負責將中華版權總代理、計算機軟件和其他各類作品著作權登記，涉外音像製品合同登記，涉外錄音錄像作品著作權認證，侵權作品鑒定，著作權法律諮詢服務以及中國著作權使用報酬管理。

### 3、著作權及其保護

著作權屬於作者，可以是自然人，也可以是法人或非法人組織。著作權包括人身權和財產權。前者可包括發表權，署名權，修改權，保護作品完整，不受歪曲、篡改的權利；而後者則有複製權、發行權、出租權、展覽權、表演權、放映權、廣播權、信息網絡傳播權、攝製權、改編權、翻譯權、彙編權等。著作權人可以許可他人行使或對他人轉讓其中的部分權利。《著作權法》對

著作權保護期限作出了規定。作者的署名權、修改權、保護作品完整權的保護期不受限制。自然人的作品，其發表權和法律規定其他權利的保護期為作者終生及其死亡後五十年。法人或者非法人組織的作品、著作權（署名權除外）由法人或者非法人組織享有的職務作品，其發表權的保護期為五十年。視聽作品的保護期為五十年。

### 4、著作權的使用

為平衡著作權保護和社會的合理使用，《著作權法》對著作權也設定了一些限制，如在法律規定的情況下，可以不經著作權人許可，不向其支付報酬而使用相關作品。例如為個人學習、研究或者欣賞，使用他人已經發表的作品；為介紹、評論某一作品或者說明某一問題，在作品中適當引用他人已經發表的作品；為新聞報導在媒體中不可避免地再現或者引用已經發表的作品；國家機關為執行公務在合理範圍內使用已經發表的作品；圖書館、檔案館、紀念館、博物館、美術館、文化館等為陳列或者保存版本的需要，複製本館收藏的作品等。著作權人可以和他人訂立合同，許可他人使用相關的作品。使用作品的付酬標準可以由當事人約定，也可以按照國家著作權主管部門制定的付酬標準支付報酬。出版者、表演者、錄音錄像製作者、廣播電台、電視台等依照本法有關規定使用他人作品的，不得侵犯作者的署名權、修改權、保護作品完整權和獲得報酬的權利。

### 5、侵犯著作權的法律責任

《著作權法》允許權利人為保護著作權及其他權利採取技術措施，如在計算機軟件上採取密碼或加密技術。未經權利人許可，不得發表其作品；將與他人合作創作的作品當作自己單獨創作的

作品發表的；沒有參加創作，為謀取個人名利，在他人作品上署名的；歪曲、篡改他人作品的；剽竊他人作品的；以展覽、攝製視聽作品的方法使用作品或以改編、翻譯、註釋等方式使用作品；使用他人作品，應當支付報酬而未支付的；未經視聽作品、計算機軟件、錄音錄像製品的著作權人、表演者或者錄音錄像製作者許可，出租其作品或者錄音錄像製品的原件或者複製件的，本法另有規定的除外；未經出版者許可，使用其出版的圖書、期刊的版式設計的；未經表演者許可，從現場直播或者公開傳送其現場表演，或者錄製其表演等。上述行為構成對著作權的侵權行為，引發相應的法律責任。

# 第六章

# 當代中國的
# 經濟法

經濟法是國家從社會整體利益出發，對市場經濟活動實行管理和調控所制定的法律規範，防止市場經濟自發性和盲目性。經濟法的發展是中國社會主義市場經濟發展的一個標誌。改革開放前實行的計劃經濟不需要法律手段來發揮作用；而改革開放和走向世界則要求建立和完善國際化、法治化的營商環境。「市場經濟就是法治經濟」已成為全社會的共識和國家的改革方向。國家不斷依法對財稅、金融、外匯、投資等體制進行改革，建立了與市場經濟相適應的法律體系。政府通過法律來改善政府對市場的宏觀調控和有效監管，保障市場主體之間的公平、有序、合規競爭，並提高市場的國際競爭力。

　　市場經濟涉及的關係非常廣泛，在現今國家頒行的 290 多部法律中，經濟法佔了 80 多部，是數量最多的法律部門。經濟法律大致的分類，包括：對經濟活動宏觀調控管理立法（如銀行業監督管理法、審計法、反洗錢法、對外貿易法、產品質量法、反不正當競爭法、反壟斷法、出口管理法、外商投資法、台灣同胞投資保護法、海南自由貿易港法、電子商務法、廣告法、旅遊法、資產評估法、價格法及防疫檢疫法）、稅收立法（如企業所個稅、個人所得稅、車船稅法及稅收徵收管理法）、國土資源立法（如

土地管理法、森林法、水法、草原法、礦產資源法、長江保護法、黃河保護法、黑土地保護法、漁業法和煤炭法等）、標準化立法（如計量法、統計法、會計法和標準化法）、基礎設施立法（如公路法、鐵路法、民用航空法、電力法、建築法、港口法和郵政法）、農業立法（如農業法、種子法、農產品質量安全法）、國家金融財政立法（如預算法、價格法、中國人民銀行法）、產業促進立法（如節約能源法、可再生能源法、循環經濟促進法、清潔生產促進法、科學技術進步法）、網絡安全立法（如網絡安全法、個人信息保護法、數據安全法）以及對國有資產保護的特別立法（如企業國有資產法）。本章僅介紹比較重要的幾個領域。

# 第一節　經濟活動宏觀調控管理法

對經濟活動宏觀調控管理立法涉及廣泛的領域，包括對外貿易法、產品質量法、反不正當競爭法、反壟斷法、審計法、反洗錢法、出口管理法、外商投資法、台灣同胞投資保護法、銀行業監督管理法、海南自由貿易港法、電子商務法、廣告法、旅遊法、資產評估法、價格法及防疫檢疫法等諸多法律。

## 一、反不正當競爭法

### 1、反不正當競爭法的涵蓋範圍

《反不正當競爭法》是規範市場活動和競爭行為的基礎性法律，對營造公平競爭的市場環境，保護經營者和消費者合法權益

有着非常重要的作用。自 1993 年頒行以來，這部法律已經過兩次修訂。《反不正當競爭法》要求經營者在市場交易中，遵循自願、平等、公平、誠實信用的原則，遵守公認的商業道德。如果違反法律規定，損害其他經營者的合法權益，擾亂市場和社會秩序的行為即構成不正當競爭。

《反不正當競爭法》涵蓋了七種不正當競爭行為：

混淆行為。引人誤認為是他人商品或者與他人存在特定聯繫，如擅自使用與他人有一定影響的商品名稱、包裝、裝潢等相同或者近似的標識；擅自使用他人有一定影響的企業名稱（包括簡稱、字號等）、社會組織名稱、姓名（包括筆名、藝名、譯名等）；擅自使用他人有一定影響的域名主體部分、網站名稱、網頁等；其他足以使人誤認為是他人商品的混淆行為。這類行為一般被通俗地稱為「傍名牌」，如在與法國華倫天奴服飾毫無關係的店內掛上「法國華倫天奴（香港）實業發展有限公司監製」的牌匾，把「飄柔」洗頭液印成「漂柔」，把「康師傅」方便麵包裝用於假冒產品等都屬於這類違法活動。

商業賄賂行為。指經營者採用財物或者其他手段進行賄賂以銷售或者購買商品，在賬外暗中給予對方單位或者個人回扣。法律並不禁止經營者銷售或者購買商品時以明示方式給對方折扣或給中間人佣金；但雙方均應如實入賬。

虛假宣傳行為。即經營者對其商品的性能、功能、質量、銷售狀況、用戶評價、曾獲榮譽等作虛假或者引人誤解的商業宣傳，欺騙、誤導消費者。經營者也不得通過組織虛假交易等方式，幫助其他經營者進行虛假或者引人誤解的商業宣傳。例如剛成立不久的店舖就自稱為「百年老店」，用虛假網絡刷單誤導消

費者，或謊稱藥品療效等行為。

侵犯商業祕密行為。所謂的「商業祕密」，是指不為公眾所知悉、具有商業價值並經權利人採取相應保密措施的技術信息、經營信息等商業信息。侵犯商業祕密的行為可包括：以盜竊、賄賂、欺詐、脅迫、電子侵入或者其他不正當手段獲取權利人的商業祕密；披露、使用或者允許他人使用以非法手段獲取的權利人的商業祕密；違反保密義務或者違反權利人有關保守商業祕密的要求，披露、使用或者允許他人使用其所掌握的商業祕密；教唆、引誘、幫助他人違反保密義務或者違反權利人有關保守商業祕密的要求，獲取、披露、使用或者允許他人使用權利人的商業祕密。因此，實施這類違法行為的也包括參與侵犯商業祕密的經營者以外的其他人。

違法有獎銷售行為。即經營者以提供獎勵（包括金錢、實物、附加服務等）的手段，引誘欺騙用戶，侵害消費者的利益，或者以此進行不正當競爭，損害其他經營者合法權益。譬如所設獎的種類、兌獎條件、獎金金額或者獎品等有獎銷售信息不明確，影響兌獎；謊稱有獎或者故意讓內定人員中獎的欺騙方式進行有獎銷售；以及最高獎金額超過五萬元的抽獎式有獎銷售。

編造、傳播虛假信息或者誤導性信息，損害競爭對手的商業信譽和商品聲譽的行為。一般稱為「商業詆毀」或「踩着別人上位」。如在「廣州醫藥集團與廣東加多寶飲料食品公司『王老吉』品牌糾紛案」中，廣藥集團發佈廣告，突出加多寶董事長行賄潛逃的事實，並將信息與「王老吉」品牌糾紛聯繫起來。法院認定，廣藥集團這種公告方式勢必會造成公眾對加多寶公司認知和評價的負面影響，從而認定構成商業詆毀。

利用網絡從事違法生產經營活動。包括利用技術手段，通過影響用戶選擇或者其他方式，妨礙、破壞其他經營者合法提供的網絡產品或者服務正常運行的行為。例如未經其他經營者同意，在其合法提供的網絡產品或者服務中，插入鏈接、強制進行目標跳轉；誤導、欺騙、強迫用戶修改、關閉、卸載其他經營者合法提供的網絡產品或者服務；惡意對其他經營者合法提供的網絡產品或者服務實施不兼容等行為。

### 2、違法責任

經營者違反法律規定，給他人造成損害的，應當依法承擔民事責任，具體賠償數額，按照其因被侵權所受到的實際損失確定；實際損失難以計算的，按照侵權人因侵權所獲得的利益確定。經營者惡意實施侵犯商業祕密行為，情節嚴重的，可以在按照上述方法確定數額的一倍以上五倍以下確定賠償數額。賠償數額還應當包括經營者為制止侵權行為所支付的合理開支。侵權賠償數額難以確定的，由人民法院根據侵權行為的情節判決給予權利人五百萬元以下的賠償。《反不正當競爭法》還針對各類違法行為，規定了行政，甚至是刑事處罰措施，並由監督檢查部門記入信用記錄，依照有關法規予以公示。

## 二、反壟斷法

### 1、反壟斷法的作用和意義

反壟斷法和反不正當競爭法都屬於競爭法的範疇，是保障市場公平競爭最根本的基石。隨着市場經濟進一步規範化和融入國際競爭，中國近年來反壟斷立法和執法的力度在不斷加大，如

2015 年對美國高通公司濫用市場支配地位實施排除、限制競爭的壟斷行為處以 60.88 億元罰款，達到其在中國市場年度銷售額的 8%。又如 2021 年電商巨頭阿里巴巴因違反《反壟斷法》被罰款 182.28 億元人民幣，創下執法罰款的歷史最高記錄。這些案件都引起了全球的關注。《反壟斷法》的立法目的是預防和制止壟斷行為，保護市場公平競爭，鼓勵創新，提高經濟運行效率，維護消費者利益和社會公共利益，促進社會主義市場經濟健康發展。通過建立健全統一開放、競爭有序的市場體系。經營者可以通過公平競爭、自願聯合，依法擴大經營規模，提高市場競爭能力。這部法律不僅適用規管中國境內經濟活動中的壟斷行為，也適用於中國境外的壟斷行為，如果這些行為對中國境內市場競爭產生有違法規的影響。

### 2、壟斷行為

受到《反壟斷法》規制的壟斷行為包括經營者達成壟斷協議，經營者濫用市場支配地位和具有或者可能具有排除、限制競爭效果的經營者集中（指經營者之間合併，或者通過交易取得對其他經營者控制權的行為，以擴大市場佔有和控制）。針對新的市場環境，法律新增了規定，禁止經營者利用數據和算法、技術、資本優勢以及平台規則等從事違法的壟斷行為。

壟斷協議是指具有市場競爭關係的經營者通過達成協議排除、限制競爭的行為，又可分為橫向壟斷協議（亦被稱為「卡特爾協議」）和縱向壟斷協議。前者適用於不同生產或銷售環節，是具有直接競爭關係經營者間的協議；而後者適用於不同的生產經營階段，是不具有直接競爭關係經營者間的協議。橫向壟斷協議可包括固定或者變更商品價格，限制商品的生產數量或者銷售

數量，分割銷售市場或者原材料採購市場，限制購買新技術、新設備或者限制開發新技術、新產品，聯合抵制與他人交易等方面的協議。三星和 LG 等六家液晶面板廠商就曾因合謀操控中國市場價格被查處。縱向壟斷協議包括固定或限定向他人轉售商品的價格等。譬如美國伊斯曼公司與其中國客戶簽訂一系列限制與其他競爭廠商交易的協議而受到處罰。

對於經營者間的協議，《反壟斷法》也規定了一些例外，以保護技術創新，培育和穩定市場。譬如，廠商間可為改進技術、研究開發新產品，提高產品質量、降低成本、增進效率，統一產品規格、標準或者實行專業化分工、提高中小經營者經營效率，增強中小經營者競爭力、實現節約能源、保護環境、救災救助等社會公共利益等目的簽訂協議，而不被認為是具有壟斷目的。另外，經營者為應對經濟不景氣，為緩解銷售量嚴重下降或者生產明顯過剩，或是為保障企業在對外經貿合作中正當利益的協議也可獲得豁免。

濫用市場支配地位是指經營者在相關市場內具有能夠控制商品價格、數量或者其他交易條件，從而阻礙、影響其他經營者進入相關市場競爭的行為。這類行為可包括以不公平的高價銷售商品或者以不公平的低價購買商品；沒有正當理由，以低於成本的價格銷售商品，或限制、拒絕與他人進行交易；不合理地搭售商品或附加其他不合理的交易條件；以及無正當理由，對條件相同的交易相對人在交易價格等交易條件上實行差別待遇等。2016 年瑞典利樂公司就因利用市場技術和設備的支配地位，在中國市場進行搭售，限制向其他廠商提供貨物和信息被罰款 6.68 億元。《反壟斷法》對認定濫用市場支配地位列出了相關因素和推定條件，

廠商自己也可對沒有濫用行為舉證。

### 3、對經營者集中的特別規定

經營者集中是經營者間通過合併、購買其他經營者的股權或者資產取得對其控制權，或以合同等方式對其他經營者取得控制權及施加決定性影響，從而擴大自己的市場規模和影響力。經營者適度地集中，可以使規模經濟更好地發揮作用，提高企業的市場競爭力；《反壟斷法》所要規制的是產業經營過度集中後，個別經營者獲得市場支配地位，可能輕易操縱市場，導致壟斷出現的情況。《反壟斷法》建立了強制的事先申報和分類集中審查制度，對於達到國家規定規模的經營者集中進行控制，未經國家審查通過的不得實施集中。在實踐中，國家主管部門在審查後，可根據具體情況對經營者集中作出批准、附條件批准或禁止的決定；其考慮的主要因素包括：參與集中的經營者在相關市場的市場份額及其對市場的控制力，相關市場的市場集中度，經營者集中對市場進入、技術進步、消費者的潛在影響，經營者集中對國民經濟發展的影響等。外商在中國進行的併購和集中，除要通過經營者集中審查外，涉及國家安全的，還須按照國家有關規定接受國家安全審查。

### 4、具有中國特色的反壟斷制度

中國實行社會主義市場經濟，《反壟斷法》明確指出，國家只制定和實施與社會主義市場經濟相適應的競爭規則，明確規定，國有經濟佔控制地位，關係國民經濟命脈和國家安全的行業以及依法實行的專營專賣，國家對其經營者的合法經營活動予以保護，並對經營者的經營行為及其價格依法實施監管和調控，維護消費者利益，促進技術進步。

政府和國有企業的密切關係和對本地市場和企業發展的扶持和保護一直引起廣泛的關注，並引發「地方保護主義」的討論。為此，《反壟斷法》禁止行政機關和具有政府職能的機構濫用行政權力，排除、限制競爭，包括限定單位或者個人經營、購買、使用其指定的商品，阻礙其他經營者進入本地市場或對其實行不平等待遇，對外地商品設定歧視性收費，對外地商品規定與不同的技術要求和檢驗標，或者針對外地商品設置行政許可或關卡，限制外地商品進入本地市場自由流通等行為。

為保障法律的有效實施，國家特別設立了強制性的公平競爭審查制度，即政府主管部門在制定市場准入和退出、產業發展、招商引資、招標投標、政府採購、經營行為規範、資質標準等規章和政策時，應當進行公平競爭審查，評估對市場競爭的影響，防止排除、限制市場競爭。經公平競爭審查認為不違反公平競爭效果和規定的，可以實施；未經公平競爭審查或審查發現違反《反壟斷法》的規定，相關規章和政策則不應出台。

### 5、反壟斷國家機關

國家主管反壟斷工作的最高機構是國務院反壟斷委員會，由國務院副總理或國務委員擔任主任，負責組織、協調、指導全國反壟斷工作。經過近年來的機構調整，國家市場監督管理總局負責反壟斷統一實際執法工作。其主要職權是統籌推進競爭政策實施，指導實施公平競爭審查制度；依法對經營者集中行為進行反壟斷審查，負責對壟斷協議、濫用市場支配地位和濫用行政權力等行為進行反壟斷執法調查工作；同時指導中國企業在國外的反壟斷應訴工作。人民法院也在不斷加強反壟斷執法司法，依法公正高效審理反壟斷案件。

### 6、反壟斷執法和處罰

2022 年對《反壟斷法》的修改新增了對違法高管的個人責任，可以處 100 萬元以下的罰款；同時大幅提高了其他處罰的力度。如對壟斷協議和違法實施經營者集中的罰款數額分別提高到 300 萬和 500 萬元；對於情節特別嚴重、影響特別惡劣、造成特別嚴重後果的壟斷行為，反壟斷執法機構可在原本罰款數額的 2 倍以上 5 倍以下確定懲罰性罰款，使違法企業面臨更大的違法成本。《反壟斷法》還引入了反壟斷法民事公益訴訟，即對經營者實施壟斷行為，損害社會公共利益，人民檢察院可以依法向人民法院提起訴訟。

中國反壟斷法治體系還在發展之中。政府在市場中仍居於強勢地位，國有企業與民營及外資企業的競爭關係仍有待進一步釐清，目前法律禁止濫用行政權力排除和限制競爭的規定僅限於商品，而未包括服務等問題還有待於解決。因此，構建法治化公平競爭的市場環境仍是國家體制改革和建設的核心內容且任重道遠。

## 三、外商投資法

### 1、新外商投資法的出台

改革開放以來，國家長期對外商投資實行特殊政策。一方面，在市場准入和投資運作方面設置很多審批程序，形成實際上的歧視；另一方面，在稅收和在投資形式上給予優惠和多樣化選擇，如允許外商在《公司法》之外，利用合資、合作和外商獨資企業法（通常稱為「三資企業法」）建立合資或獨資企業，形成實際上優於國內企業的「超國民待遇」。在中國和美國雙邊投資

協定過程中，中國決定對外商投資體系進行改革，特別是 2013 年以後，開始採用「准入前國民待遇加負面清單管理制度」，就是企業在中國設立和擴大等階段給予外國投資者及其投資「國民待遇」（和本國投資者及其投資一樣的待遇）；同時，國家在外資進入中國市場前，在特定領域對其准入實施特別限制或禁止等管理措施「負面清單」，外商在負面清單之外的領域可享有國民待遇。

　　為推動這一轉變，中國在過去十年間在不同省市建立 22 個自由貿易試驗區，並於 2019 年頒佈了新的《外商投資法》，建立了新的外商投資制度，廢止了長期實行的「三資企業法」，使法律制度更為統一，市場上內外資待遇平等，競爭更為公平，政府審批也大幅減少。這是中國法治化營商環境取得的突破性進展，形成全面開放新格局的一個標誌。《外商投資法》明確規定，國家實行高水平投資自由化、便利化政策，建立和完善外商投資促進機制，營造穩定、透明、可預期和公平競爭的市場環境。國家依法保護外國投資者在中國境內的投資、收益和其他合法權益。各級人民政府及其有關部門應當按照便利、高效、透明的原則，簡化辦事程序，提高辦事效率，優化政務服務，進一步提高外商投資服務水平。

### 2、外商投資的定義

　　《外商投資法》把外商投資定義為，外國的自然人、企業或者其他組織直接或者間接在中國境內進行的投資活動，包括單獨或者與其他投資者共同在中國境內設立外商投資企業；取得中國境內企業的股份、股權、財產份額或者其他類似權益；單獨或者與其他投資者共同在中國境內投資新建項目；或法規允許的其他方式的投資。政府及其有關部門在政府資金安排、土地供應、稅費

減免、資質許可、標準制定、項目申報、人力資源政策等方面，應當依法平等對待外商投資企業和內資企業。

### 3、外商投資管理

「負面清單」是一種國際通行的外商准入管理模式，是投資自由化的一個重要標誌。遵循「法無禁止皆可為」的原則，在政府明確禁止外資進入的領域外，其餘所有領域都對外資開放。負面清單規定禁止投資的領域，外國投資者不得投資（如軍工、媒體、社會調查等領域）。負面清單還規定限制投資的一些管理措施，如對外國投資者的股權限制或高級管理人員的國籍要求等。自 2013 年設立上海自貿區試點使用負面清單管理以來，範圍不斷擴大。國家於 2018 年開始發佈全國的負面清單並基本上每年更新。隨着市場改革深化，開放程度不斷提升。經過近年連續七次縮減，禁止和限制性條目越來越少，由最初的 190 項縮減到 2023 年的 27 項，製造業方面的禁止性規定已經全部取消。服務業開放持續擴大。與此同時，國家根據經濟和社會發展需要，制定鼓勵和更新外商投資產業目錄，列明鼓勵和引導外國投資者投資的特定行業、領域和地區。例如近年發佈的鼓勵外商參加西部開發和投資高新科技領域的目錄以及外商投資可以享受法規和政策的優惠待遇。

《外商投資法》要求對外商投資依法平等適用國家支持企業發展的各項政策。政府部門制定與外商投資有關的法規，應當採取適當方式徵求外商投資企業的意見和建議；同時，國家建立健全外商投資服務體系，為外國投資者和外商投資企業提供法律法規、政策措施、投資項目信息等方面的諮詢和服務。國家保障外商投資企業依法通過公平競爭參與政府採購活動。政府採購依法

對外商投資企業在中國境內生產的產品、提供的服務平等對待。外商投資企業也可以依法通過公開發行股票、公司債券等方式進行融資。

### 4、外商投資的法律保護和責任

外商投資在中國享有明確和廣泛的法律保護，包括（1）承諾國家對外國投資者的投資不實行徵收；在特殊情況下，為了公共利益的需要，需依照法律規定對外國投資者的投資實行徵收或者徵用。徵收、徵用時，應當依照法定程序進行，並及時給予公平、合理的補償；（2）外國投資者在中國境內的出資、利潤、資本收益、資產處置所得、知識產權許可使用費、依法獲得的補償或者賠償、清算所得等，可以依法以人民幣或者外匯自由匯入、匯出；（3）保護外國投資者和外商投資企業的知識產權及其他合法權益，對知識產權侵權行為，嚴格依法追究法律責任。外商投資過程中的技術合作應基於自願公平原則和商業規則，由各方平等協商確定，行政機關及其工作人員不得利用行政手段強制轉讓技術；（4）各級人民政府及其有關部門制定涉及外商投資的規範性文件，應當符合法律法規的規定；沒有法規依據的，不得減損外商投資企業的合法權益或者增加其義務，不得設置市場准入和退出條件，不得干預外商投資企業的正常生產經營活動；（5）地方各級人民政府及其有關部門應當履行向外國投資者、外商投資企業依法作出的政策承諾以及依法訂立的各類合同；（6）國家建立外商投資企業投訴工作機制，及時處理外商投資企業或者其投資者反映的問題。外商對存在問題還可以依法申請行政覆議及至提起行政訴訟；（7）外商投資企業可以依法成立和自願參加商會或協會，維護他們的合法權益。

在「三資企業法」廢止以後，外商投資企業的組織形式、組織機構及其活動準則將與內資企業一樣，統一適用《公司法》和《合夥企業法》等法律的規定。但《外商投資法》施行前依照「三資企業法」設立的外商投資企業，可有五年的過渡期（2020—2025），對原企業組織形式進行轉換。

　　《外商投資法》也對外商在中國投資設定了法律責任及政府管理的權力。外商投資企業開展生產經營活動，應當遵守國家勞動保護、社會保險、稅收、會計、外匯等方面的法規，並接受相關主管部門依法實施的監督檢查。外國投資者在中國進行併購和擴張，應當依照《反壟斷法》的規定接受相關審查。政府減少審批後，外商投資運作逐步改為備案制，即向主管部門提交規定的材料，進行備案。於此相適應，《外商投資法》下建立外商投資信息報告制度；外國投資者及企業應當通過企業登記系統以及企業信用信息公示系統向商務主管部門報送相關信息。

　　**5、對外商投資的國家安全審查**

　　國家對外商投資建立安全審查制度，對影響或者可能影響國家安全的外商投資進行安全審查。國家發改委和商務部於 2021 年發佈《外商投資安全審查辦法》，對外商投資安全審查的範圍、程序、工作機制及關注事項做出了規定。如投資涉及國家安全範圍，外國投資者或者境內相關當事人應當在實施投資前主動向國家主管部門申報。國家安全審查工作一般可在 30 個工作日內完成；但如有特殊情況，審查期限可延長 60 個工作日。在審查期間，當事人不得實施投資。國家主管部門作出的安全審查決定為最終決定。另外，針對一些外國政府對中國進行「貿易戰」，對中國企業採取一些限制措施，《外商投資發》規定，任何國家在投

資方面對中國採取歧視性的禁止或限制措施的，中國可以根據實際情況對該國採取相應的反制措施。

基於「一國兩制」，香港、澳門以及台灣投資者在內地的投資和糾紛解決都長期參照適應外商投資相關法規和政策。《外商投資法》沿用了這一做法，使港澳台三地在內地的投資和經貿關係能夠更穩定的發展。

# 第二節　產品質量和消費者權益保護法

## 一、產品質量法

### 1、產品質量法的立法目的

《產品質量法》的立法目的是加強對產品質量的監督管理，提高產品質量水平，明確產品質量責任，保護消費者的合法權益，維護社會經濟秩序。在中國境內從事產品生產、銷售活動都應遵守這一法律，承擔產品質量責任，建立健全內部產品質量管理制度；國家鼓勵推行科學的質量管理方法，採用先進的科學技術，鼓勵企業產品質量達到並且超過行業標準、國家標準和國際標準。為保障農業的健康發展，國家還特別制定了《農產品質量安全法。

《產品質量法》要求各級人民政府把提高產品質量納入國民經濟和社會發展規劃，加強對產品質量工作的統籌規劃和組織領導，引導、督促生產者和銷售者加強產品質量管理，提高產品質量。國務院下的市場監督管理總局主管全國產品質量監督工作，其他有關部門在各自的職責範圍內負責產品質量監督工作。縣級

以上地方市場監督管理部門主管本行政區域內的產品質量監督
工作。

### 2、產品的定義

根據法律定義，所謂「產品」是指經過加工、製作，用於銷
售的產品。一些專家學者認為，目前的「產品」定義仍然過窄，
不利於市場規範化和消費者保護。譬如，上述定義無法涵蓋到非
經加工製作的污染大米、地溝油、變質蜂蜜等問題產品，也沒有
辦法有效監管企業或商場以免費品嚐、免費試用、無償贈送等形
式把商品交給消費者或者使用者的行為和責任。

### 3、產品的合格與缺陷

《產品質量法》明確規定，產品質量應當檢驗合格，不得以不
合格產品冒充合格產品。然而，和很多發達國家實行的嚴格產品
責任法不同（只要產品造成人身或財產損害，就要承擔責任），
產品合格與否要依據國家或行業標準來判斷。也就是說，產品必
須符合保障人體健康和人身、財產安全的國家標準或行業標準；
未制定國家標準、行業標準的，必須符合保障人體健康和人身、
財產安全的要求。法律進一步對產品「缺陷」做出了定義，是指
產品存在危及人身、他人財產安全的不合理的危險；產品有保障
人體健康和人身、財產安全的國家標準、行業標準的，是指不符
合該標準。換言之，根據現行法規，只要符合相關國家或行業標
準，就可能避免「缺陷」的認定。

中國的一些國家或行業標準與國際標準還有相當差距；中國
國際標準的轉化率（即國際標準被國家標準、行業標準等國內標
準採納的比例）雖整體達到了 85.47%，但多數處於並跑和跟跑狀
態；中國製造的國際標準正在從「有沒有」向「好不好」轉變。

《產品質量法》要求國家根據國際通用的質量管理標準和國際先進的產品標準和技術要求，推行企業質量體系認證制度和產品質量認證制度，並進行跟蹤檢查。

### 4、產品質量檢查和認證

國家對產品質量實行監督檢查的主要方式是抽查，對可能危及人體健康和人身、財產安全的產品，影響國計民生的重要工業產品以及消費市場上反映有質量問題的產品進行抽查。抽查的樣品應當在市場上或者企業成品倉庫內的待銷產品中隨機抽取。對依法進行的產品質量監督檢查，生產者和銷售者不得拒絕。市場監督管理部門也可根據已經取得的證據或者舉報，對涉嫌違反法規的行為進行現場檢查和處分。市場監督管理部門對有根據認為有嚴重質量問題的產品，以及相關的原輔材料、包裝物、生產工具等，有權予以查封或者扣押。

依法進行監督抽查的產品質量不合格的，實施監督抽查的市場監督管理部門將責令其生產者、銷售者限期改正。逾期不改正的，由省級以上人民政府市場監督管理部門予以公告；公告後經復查仍不合格的，責令停業，限期整頓；整頓期滿後經復查產品質量仍不合格的，吊銷營業執照。

產品質量檢驗機構、認證機構必須依法按照有關標準，客觀、公正地出具檢驗結果或者認證證明。消費者有權就產品質量問題，向產品的生產者或銷售者查詢；向市場監督管理部門及有關部門申訴，接受申訴的部門應當負責處理。保護消費者權益的社會組織可以就消費者反映的產品質量問題建議有關部門負責處理，支持消費者對因產品質量造成的損害向人民法院起訴。

### 5、產品生產者和銷售者的責任

《產品質量法》分別對產品的生產者和銷售者的責任作出了規定。生產者應當對其生產的產品質量負責，即不應存在危及人身、財產安全的不合理的危險，符合保障人體健康和人身、財產安全的相關國家標準或行業標準；具備產品應當具備的使用性能；並且符合在產品或者其包裝上註明的產品標準，符合產品說明或實物樣品等方式表明的質量狀況。產品或者其包裝上的標識必須真實，並有產品質量檢驗合格證明；有中文標明的產品名稱、生產廠廠名和廠址；根據產品的特點和使用要求，標明產品規格、等級、所含的主要成分和含量；在顯著位置清晰地標明生產日期和安全使用期或者失效日期；以及對使用不當，容易造成產品本身損壞或者可能危及人身、財產安全的產品，以中文作出警示標誌或警示說明。

生產者不得生產國家明令淘汰的產品；不得偽造產地，不得偽造或者冒用他人的廠名、廠址，不得偽造或者冒用認證標誌等質量標誌；也不得摻雜、摻假，以假充真、以次充好，以不合格產品冒充合格產品。銷售者應當建立並執行進貨檢查驗收制度，驗明產品合格證明和其他標識，並應採取措施，保持銷售產品的質量；並承擔與上述生產者類似的質量、標識、標誌等責任。

### 6、對違反法律的賠償和處罰

在《產品質量法》下，生產者和銷售者也分別或共同承擔相應的損害賠償責任。具體而言，因產品存在缺陷造成人身或財產損害的，生產者應當承擔賠償責任。但如生產者能夠證明，其未將相關產品投入市場流通（如僅是實驗品），產品投入市場流通時，引起損害的缺陷尚不存在（如消費者自己造成產品損壞），

或將產品投入市場流通時，當時的科學技術水平尚不能發現缺陷的存在等情況，則可以免除責任。

售出的產品有質量問題，銷售者應當負責修理、更換、退貨；給購買產品的消費者造成損失的，銷售者應當賠償損失。但如質量問題屬於生產者的責任或者屬於向銷售者提供產品的其他第三方（如運輸商）的責任，銷售者依法承擔責任後，有權向生產者或第三方追償。如果產品存在的缺陷是銷售者的過錯，造成人身或財產損害，銷售者則應當自行承擔賠償責任。

為方便求償，因產品存在缺陷造成人身或財產損害的，受害人可以向產品的生產者要求賠償，也可以向產品的銷售者要求賠償。因產品存在缺陷造成受害人人身傷害的，侵害人應當賠償醫療費、治療期間的護理費、因誤工減少的收入等費用；造成殘疾的，還應當支付殘疾者生活自助器具費、生活補助費、殘疾賠償金以及由其扶養的人所必需的生活費等費用；造成受害人死亡的，還應當支付喪葬費、死亡賠償金以及由死者生前扶養的人所必需的生活費等費用。需要注意的是，《產品質量法》對因產品存在缺陷造成損害要求賠償的訴訟時效期為二年，從當事人知道或者應當知道其權益受到損害時起算。這個訴訟時效比《民法典》所規定的一般時效（三年）為短。其主要目的是有利於保存證據，更清楚判斷責任。

根據嚴重程度，對違反《產品質量法》生產或銷售不符合保障人體健康和人身、財產安全的國家標準、行業標準的產品的處罰手段包括責令停止生產和銷售、沒收違法生產和銷售的產品、處以違法生產或銷售金額三倍以下罰款、沒收違法所得等。情節嚴重的，可以吊銷營業執照；構成犯罪的，依法追究刑事責任。

為更好地維護市場秩序和強化消費者權益保護，《產品質量法》還把責任範圍擴展至出具偽造虛假證明的產品質量檢驗機構和認證機構；對產品質量作出不實承諾或保證的社會團體和中介機構；在廣告中對產品質量作虛假宣傳，欺騙和誤導消費者的廣告商；違法為生產和銷售的產品提供運輸、保管、倉儲等便利或為以假充真的產品提供製假技術的廠商以及違法使用產品的服務業經營者（如賓館、飯店、娛樂、美容、維修等服務業）等。法律還特別規定，違法廠家承擔民事賠償責任和繳納罰款和罰金，其財產不足以同時支付時，應先對受到傷害的消費者或使用者承擔民事賠償責任；也就是說，對消費者的賠償優先於對政府處罰的支付。

在《產品質量法》頒行之後，國家還陸續出台了一系列規管產品質量的專項法規，包括《中華人民共和國特種設備安全法》《中華人民共和國食品安全法》《中華人民共和國藥品管理法》《中華人民共和國食品安全法實施條例》《中華人民共和國化妝品監督管理條例》《中華人民共和國乳品質量安全監督管理條例》等，形成了關於產品質量的法律體系。

## 二、消費者權益保護法

### 1、中國消費者權益保護的發展

中國有着世界上最大的消費者群體，在市場經濟發展的過程中，消費者權益保護一直得到國家的重視。上世紀 80 年代初，國家就頒佈了《消費者權益保護法》，明確規定，保護消費者的合法權益是全社會的共同責任。其後成立了全國性的消費者保護協會。每年 3 月 15 日的「國際消費者權益日」在中國已成為全社會

參與的法律宣傳、諮詢服務、打擊「假冒偽劣」產品的重要活動和中國消費者維權運動的標誌。在《消費者權益保護法》的基礎上，法規和標準體系不斷拓展、完善和更新，如涉及產品質量、消費欺詐、廣告規制、醫療糾紛、電器用品、網絡服務消費、汽車「三包」等諸多方面都已納入國家監管。2019 年 8 月國家市場監督管理總局建立後，將原工商管理、質量檢查、食品藥品、物價監督、知識產權等五條投訴熱線整合為 12315 熱線，建立了全國消費者統一維權投訴舉報平台。近年來，針對網絡交易中的違法違規行為，國家執法打擊力度也在不斷加強。

《消費者權益保障法》規定，國家倡導文明、健康、節約資源和保護環境的消費方式，反對浪費；消費者享有獲得有關消費和消費者權益保護方面的知識的權利。近年來，消費者教育引導和理念更新也被納入其權益保護的內容，特別是綠色消費日益成為社會共識。2021 年國家制定了《反食品浪費法》，相關部門也先後印發了關於促進綠色消費的政策性文件，大力推動綠色商場創建、綠色餐飲、綠色採購、綠色包裝、綠色回收等工程，節能家電、節水器具、有機產品、綠色建材等產品走入千家萬戶，循環再生產品逐步被廣泛接受，共享出行、「光盤行動」、低碳生活成為消費新時尚。

### 2、消費者的主要權利

在《消費者權益保護法》下，消費者所享有的主要權利包括：

（1）消費者在購買、使用商品和接受服務時享有人身、財產安全不受損害的權利。消費者有權要求經營者提供的商品和服務，符合保障人身、財產安全的要求。

（2）有知悉其購買、使用的商品或者接受的服務的真實情況

的權利，即消費者有權根據商品或者服務的不同情況，要求經營者提供商品的價格、產地、生產者、用途、性能、規格、等級、主要成分、生產日期、有效期限、檢驗合格證明、使用方法說明書、售後服務，或者服務的內容、規格、費用等有關情況。

（3）享有自主選擇商品或者服務的權利，即消費者有權自主選擇提供商品或者服務的經營者，自主選擇商品品種或者服務方式，自主決定購買或者不購買任何一種商品、接受或者不接受任何一項服務。消費者在自主選擇商品或者服務時，有權進行比較、鑒別和挑選。

（4）享有公平交易的權利，即消費者在購買商品或者接受服務時，有權獲得質量保障、價格合理、計量正確等公平交易條件，有權拒絕經營者的強制交易行為。

（5）消費者因購買、使用商品或者接受服務時受到人身、財產損害的，享有依法獲得賠償的權利。

（6）消費者在購買、使用商品和接受服務時，享有人格尊嚴、民族風俗習慣得到尊重的權利，享有個人信息依法得到保護的權利。

### 3、經營者的責任

與消費者享有的權利相對應，法律規定了經營者的法律義務，包括經營者向消費者提供商品或者服務，應當依照法規和當事人的約定履行義務；恪守社會公德，誠信經營，保障消費者的合法權益；不得設定不公平、不合理的交易條件，不得強制交易；聽取消費者對其提供的商品或者服務的意見，接受消費者的監督。

同時，經營者向消費者提供有關商品或者服務的質量、性

能、用途、有效期限等信息，應當真實全面，不得作虛假或者引人誤解的宣傳，並應真實標記和明碼標價。經營者應當保證其提供的商品或者服務符合保障人身、財產安全的要求。對可能危及人身、財產安全的商品和服務，應當向消費者作出真實的說明和明確的警示，並說明和標明正確使用商品或者接受服務的方法以及防止危害發生的方法。經營者如發現其提供的商品或者服務存在缺陷，有危及人身、財產安全危險的，應當立即向有關行政部門報告和告知消費者，並採取停止銷售、警示、召回、無害化處理、銷毀、停止生產或者服務等措施。採取召回措施的，經營者應當承擔消費者因商品被召回支出的必要費用。

經營者提供的商品或者服務不符合質量要求的，消費者可以依照國家規定或當事人約定，退貨或者要求經營者履行更換、修理等義務。沒有國家規定和當事人約定的，消費者可以自收到商品之日起七日內退貨；七日後仍不能解決缺陷問題，消費者可以解除合同。經營者採用網絡、電視、電話、郵購等方式銷售商品，消費者有權自收到商品之日起七日內退貨，且無需說明理由，但不包括消費者定作的、鮮活易腐的、在線下載或者消費者拆封的音像製品、計算機軟件等數字化製品及交付的報紙期刊等商品。經營者不得以格式條款、店堂告示等方式，作出排除或者限制消費者權利、減輕或者免除經營者責任、加重消費者責任等對消費者不公平、不合理的規定，不得利用格式合同條款或藉助技術手段強迫交易。

採用網絡電子方式提供商品或者服務的經營者，以及提供金融服務的經營者，應當向消費者提供經營地址、聯繫方式、商品或者服務的數量和質量、價款或者費用、履行期限和方式、安

全注意事項和風險警示、售後服務、民事責任等信息。經營者收集、使用消費者個人信息，應當遵循合法、正當、必要的原則，明確說明收集、使用信息的目的、方式和範圍，並經消費者同意，不得違反法規和雙方的約定。經營者對收集的消費者個人信息必須嚴格保密，不得泄露、出售或者非法向他人提供。經營者應當採取技術措施和其他必要措施，確保信息安全。經營者未經消費者同意或者請求，或者消費者明確表示拒絕的，不得向其發送商業性信息。

### 4、消費爭議的解決

消費者和經營者發生消費者權益爭議的，可以通過與經營者協商、通過消費者協會或其他調解組織進行調解，向有關行政部門投訴，根據與經營者達成的仲裁協議提請仲裁機構仲裁，或向人民法院提起訴訟等方式解決。消費者在購買、使用商品時，其合法權益受到損害的，可以向銷售者要求賠償。銷售者賠償後，屬於生產者的責任或者屬於其他銷售者責任的，銷售者有權向生產者或者其他銷售者追償。

### 5、經營者的違法責任

經營者提供商品或者服務，造成消費者或者其他受害人人身傷害的，應當賠償醫療費、護理費、交通費等為治療和康復支出的合理費用，以及因誤工減少的收入。造成殘疾的，還應當賠償殘疾生活輔助具費和殘疾賠償金。造成死亡的，還應當賠償喪葬費和死亡賠償金。如涉及侵害消費者的人格尊嚴、人身自由或個人信息權利的，應當停止侵害、恢復名譽、消除影響、賠禮道歉，並賠償損失。對消費者侮辱誹謗、搜查身體、侵犯人身自由等行為，造成嚴重精神損害的，受害人可以要求精神損害賠償。

經營者提供商品或者服務有欺詐行為的，應當按照消費者的要求增加賠償其受到的損失，增加賠償的金額為消費者購買商品的價款或者接受服務費用的三倍。經營者明知商品或者服務存在缺陷，仍然向消費者提供，造成消費者或者其他受害人死亡或者健康嚴重損害的，受害人除有權要求經營者依法進行損害賠償和精神損害賠償外，還有權要求所受損失二倍以下的懲罰性賠償。《消費者權益保護法》還對違法經營者規定了行政處罰和刑事責任。

各級人民政府負有加強領導，組織、協調、督促做好保護消費者合法權益的工作，落實保護消費者合法權益的職責，包括加強監督，預防危害消費者人身、財產安全行為的發生，及時制止危害消費者人身、財產安全的行為。近年來，打造安全的消費環境，開展信用監管，合法誠信經營已成為各級政府提升市場營商環境的重要內容。

# 第三節　中國的稅收制度

## 一、中國稅收制度概述

稅收制度是中國市場經濟法律體系的重要組成部分；其實施保障國家財政收入和公共管理職能的實現。隨着市場化發展和政府體制改革深化，中國稅收體系也經歷了一系列現代化變革，使稅務制度更為優化合理。稅收制度依法設立，種類繁多複雜，而且徵收手段日益依賴高新科技，其體現的主要特徵是法律規定的強制性、公平性、稅收結構的規範性以及稅收程序的技術性。

現行中國稅收立法體系主要包括《個人所得稅法》《企業所得稅法》《增值稅暫行條例》《消費稅暫行條例》以及《稅收徵收管理法》等；其所涵蓋的稅種非常廣泛，有近 20 個之多，包括增值稅、消費稅、企業所得稅、個人所得稅、資源稅、城鎮土地使用稅、房產稅、城市維護建設稅、耕地佔用稅、土地增值稅、車輛購置稅、車船稅、印花稅、契稅、煙葉稅、關稅、船舶噸稅、環保稅等。

## 二、增值稅

增值稅是一種流轉稅，即對生產、銷售商品或勞務過程中實現的增值部分徵收的一種稅，也是世界各國普遍徵收的一種稅收。增值稅的納稅人為在中國境內銷售、進口貨物、提供加工、修理修配勞務的各類企業、單位和個人。而實際上，增值稅由消費者負擔；也就是說，有增值才徵稅，沒增值不徵稅。增值稅也是中國財政收入的最大來源，其收入已佔中國稅收總額的 60% 左右。

增值稅稅率根據納稅人的營商行為劃分為不同稅目類別和適用從 0% 到 13% 不同檔次的稅率。例如，提供有形動產租賃服務，稅率為 13%；銷售或者進口糧油，稅率為 9%；提供現代服務業服務的稅率為 6% 等。2019 年以來，中國進一步調整了部分增值稅稅率。《2021 年國務院政府工作報告》中提出，將小規模納稅人增值稅起徵點從月銷售額 10 萬元提高到 15 萬元。小微企業和個體工商戶年應納稅所得額不到 100 萬元的部分，在現行優惠政策基礎上，再減半徵收所得稅。

目前，國家正在進行《增值稅法》的立法工作，其總體思路是將目前《增值稅暫行條例》的稅制框架和稅負水平平移，保持市場和企業預期的基本穩定，實現法規層級從行政法規到國家立法的提升，進一步彰顯稅收法定的原則和公平實用的理念。

從目前已經審議的立法草案看，《增值稅法》將在現有法規的基礎上對一些重要的稅收概念和要素進一步做出釐清和細化，包括銷售額的定義、進項稅款的界定、兼營和混合銷售的規定等。對增值稅應稅交易的基本範圍仍是在境內的銷售貨物、服務、無形資產、不動產等；但加工、修理、修配等勞務不再作為應稅勞務單列，而納入應稅服務。

《增值稅法》還將對應稅交易、出口稅率、簡易徵收率、小規模納稅人徵收率、進項稅額轉出、稅收優惠、免稅範圍及稅收徵管方式進行調整。立法還將促進數據共享，在經濟數字化過程中，推進徵管制度電子化。

# 三、消費稅

消費稅是對規定的消費品或者消費行為徵收的一種稅，國外亦有人稱為「奢侈稅」。其特點是在對貨物普遍徵收增值稅的基礎上，選擇少數消費品再徵收一道消費稅，主要目的是引導消費方向和消費行為。

消費稅的納稅人是中國境內生產、委託加工、零售和進口依法應納稅消費品的單位和個人；但實際上，消費稅是價內稅，即包含在最後銷售價格之中，最終都轉嫁到消費者身上。消費稅按不同的產品，規定了從 3% 到 56% 十五各不同檔次的稅率。如雪

茄煙和電子煙的從價定額稅率為 36%；而高檔汽車最高可達 50% 以上。

## 四、企業所得稅

《企業所得稅法》規定，在中國境內註冊設立的企業（「居民企業」）應當就其來源於中國境內和境外的所得繳納企業所得稅。非註冊於中國境內，但企業在中國境內設立機構、場所的（「非居民企業」），應當就其來源於中國境內的所得，以及發生在中國境外但與其所設機構、場所有實際聯繫的所得，繳納企業所得稅。據此，企業所得稅的納稅人包括各類企業、事業單位、社會團體、民辦非企業單位和從事經營活動的其他組織。個人獨資企業和合夥企業不屬於企業所得稅納稅義務人。

居民企業應就其來源於中國境內和境外的所得繳納企業所得稅；非居民企業則應就其來源於中國境內的所得以及境外與中國境內所設機構場所有實際聯繫的所得繳納企業所得稅。居民企業所得稅的稅率統一為 25%；非居民企業就其來源於中國境內所得的所得稅稅率為 20%。

企業每一納稅年度的收入總額包括銷售、提供勞務、轉讓財產、股息紅利、利息、租金、特許權及接受捐贈等收入。收入總額按照國家規定的類別、範圍、標準減除不徵稅收入（如財政撥款或依法收取的行政事業費等）、免稅收入、各項扣除（如企業成本，其他合理支出及固定資產折舊等）及允許彌補以前年度虧損後的餘額，即為應納稅所得額。企業的應納稅所得額乘以適用稅率，減除依法享有的稅收優惠減免和抵免，即為應納稅額。

為促進國家經濟發展，《企業所得稅法》規定了一系列稅收優惠措施。包括對國家重點和鼓勵的產業和項目給與稅收優惠；對符合條件的小型微利企業減按 20% 的稅率徵收企業所得稅；對國家需要重點扶持的高新技術企業，減按 15% 的稅率徵收企業所得稅；對創業投資企業、企業新技術、新產品等研發費用等允許抵扣；對綜合利用資源和環保方面的投資等可以減計或抵免；以及對特殊地區及投資項目的稅收優惠。

　　《企業所得稅》中包括了所謂的「反避稅條款」。即稅務機關認為企業與關聯方的業務往來不符合獨立交易原則而減少應納稅收入或所得額的，有權按照合理方法調整。企業也可以提出其與關聯方相關業務往來的定價原則和計算方法，與稅務機關協商確認。企業不提供與關聯方的業務往來資料，或提供虛假、不完整資料，不能真實反映關聯業務往來情況的，稅務機關有權依法核定其應納稅所得額。

　　由居民企業或中國居民控制的設立在實際稅負明顯低於中國企業所得稅法規定的稅率水平的國家或地區的企業，沒有合理經營需要而對利潤不分配或減少分配，相關利潤中應計入中國相關居民企業的部分，應當計入該企業的當期收入。

　　企業所得稅的徵收管理按照《企業所得稅法》和《稅收徵收管理法》的規定執行。居民企業一般以企業登記註冊地為納稅地點；登記註冊地在境外的，以實際管理機構的所在地為納稅地點。

　　企業所得稅的納稅年度自公曆 1 月 1 日起至 12 月 31 日止。企業所得稅按納稅年度計算，但企業分月或分季預繳。在納稅年度終了之日起五個月內，向稅務機關報送年度企業所得稅申報表，並匯算清繳。

## 五、個人所得稅

個人所得稅是對自然人所徵的稅種。中國為優化資源分配和合理減輕個人稅負，於 2018 年對《個人所得稅法》進行了大幅度的修訂。根據《個人所得稅法》規定，在中國境內有住所，或無住所但在納稅年度在中國境內居住累計超過 183 天的個人為居民個人，應對其中國境內和境外的所得依法繳納個人所得稅；在中國境內無住所，也不居住，或無住所，而納稅年度中在中國境內累計居住不滿 183 天的，為非居民個人，只對其從中國境內的所得依法繳納個人所得稅。納稅年度自公曆 1 月 1 日起至 12 月 31 日止。

《個人所得稅法》把個人應納稅的所得分為不同類別，如「綜合所得」就包括工資和薪金所得、勞務報酬所得、稿酬所得、特許權使用費所得等；經營所得、利息、股息、紅利所得、財產租賃所得、財產轉讓所得等則歸屬其他類別。不同類別的所得適用不同的所得稅率。綜合所得適用 3% — 45% 的超額累進稅率；經營所得適用 5% — 35% 的超額累進稅率；而其他所得則適用 20% 的比例稅率。基本扣除標準統一定為每月人民幣 5000 元，即月入超過人民幣 5000 元部分即應納稅。

對個人某些所得可以免徵個人所得稅，包括省以上人民政府、國務院部委、國際組織所頒發的教科文衛、體育、環保等方面的獎金，國債或國家金融債券的利息，以及國家統一發放的補貼、津貼、撫恤和救濟金等。對於殘疾人、孤老人員、烈屬所得和因自然災害遭受重大損失的個人所得國家可以減徵個人所得稅。除免徵和減徵之外，居民和非居民的所得在每一納稅年度都可有一定的減除費用，各類所得扣除相應的減除費用後即為應納

稅所得額。

　　稅務機關如發現納稅人個人與其關聯方之間的業務往來，不符合獨立交易原則且無正當理由；受納稅人控制的設立在實際稅負明顯偏低的國家（地區）的企業，無合理經營需要，對應當歸屬於納稅人的利潤不作分配或者減少分配；或個人實施其他不具有合理商業目的的安排而獲取不當稅收利益等情況，稅務機關有權按照合理方法進行納稅調整，要求補徵稅款並依法加收利息。

　　個人所得稅以所得人為納稅人，而支付所得的單位或個人則為扣繳義務人，即在向納稅人支付所得時就按月或按次預扣預繳納稅款。納稅人取得經營所得，按年計算個人所得，由納稅人在月度或季度結束後 15 日內向稅務機關報送納稅申報表。如扣繳義務人未扣繳稅款、納稅人取得境外所得、居民移居境外、註銷國內戶口等情況，納稅人則應依法向納稅機關辦理納稅申報。居民個人應當在取得收入的次年 3 月 1 日至 6 月 30 日內申報納稅。非居民在中國境內從兩處以上取得工資薪金所得的，應在取得所得的次月十五日內申報納稅。需要辦理匯算清繳的，應當在取得所得的次年 3 月 1 日至 6 月 30 日期間辦理。


# 第四節　國有資產和基礎設施的法律

## 一、國有資產的法律保護

### 1、社會主義市場經濟中的國有資產的法律地位

　　中國是社會主義國家，中國實行的是堅持公有制為主體、多種所有制經濟共同發展的基本經濟制度。中國《憲法》明確規定，

國家保障國有經濟的鞏固和發展。國有經濟（即社會主義全民所有制經濟）是國民經濟中的主導力量。這些《憲法》原則也清楚地反映在其他國家立法和政策上。《物權法》規定了國家所有財產的範圍和國家機關及國家事業單位支配國有財產的權限。第 45 條特別指出，國務院代表國家行使國家所有權；同時確定了國務院和地方政府代表履行國家出資人的權利和責任。違反國有資產管理的有關規定，低價轉讓、合謀私分、擅自擔保等行為，造成國有財產的損失，須承擔包括刑事責任在內的法律責任。

### 2、國有資產管理

2003 年建立的國有資產監督管理委員會（「國資委」）是經國務院授權，具體代表國家對國有資產履行出資人職責的特設機構，其主要監管範圍是中央直屬企業（「央企」）的國有資產。至 2022 年 7 月底，計有 98 家「央企」，佔據了幾乎所有國家經濟命脈的戰略地位，包括航天航空、礦產能源、軍工、科技研發、鋼鐵、通信、重工製造、糧油、核工業等領域。《公司法》以特別章節對國有獨資公司，即國家單獨全額出資、由國務院或者地方人民政府授權履行出資人職責的有限責任公司，做出了特別規定。國有獨資公司的章程由國有資產監管機構制定，或由董事會制訂，報國有資產監管機構批准。國有獨資公司不設股東會，由國有資產監管機構行使股東會職權。國有資產監管機構可以授權公司董事會行使股東會的部分職權，決定公司的重大事項；但公司的合併、分立、解散、增加或者減少註冊資本和發行公司債券，必須由國有資產監管機構決定。

國有獨資公司的董事長、副董事長、董事、高級管理人員，未經國有資產監督管理機構同意，不得在其他有限責任公司、股

份有限公司或者其他經濟組織兼職。董事會成員中應當有公司職工代表。國有獨資公司監事會成員由國有資產監管機構委派，不得少於五人，其中職工代表的比例不得低於三分之一。

2008 年出台的《企業國有資產法》對國家以各種形式出資建立的企業中的國有資產管理設定了一系列規則。一方面，國資委主管機構應當堅持政企分開、社會公共管理職能與國有資產出資人（即投資者）職能分開、不干預企業依法自主經營的原則，依法履行出資人職責。另一方面，法律要求國家採取措施，推動國有資本向關係國民經濟命脈和國家安全的重要行業和關鍵領域集中，優化國有經濟佈局和結構，增強國有經濟的控制力和影響力，落實國有資產保值增值責任。國有資產受法律保護，任何單位和個人不得侵害。

國資委主管機構代表各級政府對國家出資的企業，依法行使參與制定國家出資企業的章程、代表參加國有資本控股公司或參股公司召開的股東會議並提出提案、發表意見、行使表決權、行使資產收益、參與重大決策和選擇管理者等出資人權利並防止國有資產受到損失。國家出資企業合併、分立、改制、上市，增減註冊資本，發行債券，進行重大投資，為他人提供大額擔保，轉讓重大財產，進行大額捐贈，分配利潤，以及解散、申請破產等重大事項，應當遵守法規以及企業章程的規定，不得損害出資人和債權人的權益。

國有資產轉讓應當遵循等價有償和公開、公平、公正的原則及通過主管部門的審批程序。除按照國家規定可以直接協議轉讓的以外，國有資產轉讓應當在依法設立的產權交易場所公開進行。轉讓方應當如實披露有關信息，採用公開競價的交易方式。

國有資產向境外投資者轉讓的，應當遵守國家有關規定，不得危害國家安全和社會公共利益。

## 二、國土資源立法

國土資源立法包括土地管理法、森林法、水法、草原法、礦產資源法、長江保護法、黃河保護法、黑土地保護法、漁業法和煤炭法等專門立法，規範對國土資源的保護。

### 1、國土自然資源概述

中國幅員遼闊，自然稟賦豐富；但較長時間以經濟增長主導的粗放發展，對國家和社會可持續發展造成了嚴峻形勢和挑戰。因此，自然資源開發，保護和管理已成為科學發展的重要關注。近年來，國家進一步強化生態文明建設理念和落實機制。要求從戰略高度，把貫徹落實生態文明建設理念融入所有發展進程，落到實處，確保國家糧食安全、能源安全和生態安全。

### 2、自然資源主管部門

自然資源部是國務院下對自然資源工作集中統一領導的主要機關；此外生態環境部、農業農村部、水利部以及國家海洋局等也都在自然資源開放和保護中承擔着重要責任，履行國家土地、礦產、森林、草原、濕地、水、海洋等資源資產所有者職責和所有國土空間用途管理職責，包括自然資源調查監測評價、自然資源統一確權登記、自然資源資產有償使用以及對自然資源保護、開放和利用的立法和執法。

### 3、自然資源法律保護框架

改革開放以來，國家自然資源資產管理通過法制建設取得了

很大成就。自然資源資產管理實現依法而治的重大轉變，各類自然資源保護總體情況向好，節約集約利用水平在不斷提高。目前國家自然資源法規框架已經建立，涵蓋了自然資源依法管理的基本方面，包括土地管理法、森林法、草原法、漁業法、礦產資源法、水法、水土保持法、農業法、耕地佔用稅法、煤炭法、畜牧法、航道法、深海海底區域勘探開發法、資源稅法、野生動物保護法、長江保護法、黃河保護法、濕地保護法和黑土地保護法以及一大批相關的行政法規、部門規章和地方立法。

### 4、今後發展重點和方向

中國現有的自然資源立法基本是依據具體領域，具體應對的單行分散立法模式；而對自然資源保護、開放和管理，不同自然資源領域具有共性和橫向連接的宏觀綜合性法律體系尚未形成，自然資源資產管理指標體系不規範不統一，使得自然資源立法仍然缺乏長遠規劃和統籌協調。有鑒於此，人大常委會在其 2022 年的調研報告中認為，國家資源和環境約束趨緊的壓力還沒有得到根本緩解，在落實生態文明建設理念、完善管理體制機制、加強基礎工作、提升法治水平等方面仍存在不少亟待研究解決的問題和困難，特別是加強貫徹落實生態文明建設理念，根本改變粗放發展，犧牲資源環境的發展模式；深化自然資源管理體制，理順國家自然資源所有者、管理者和市場化運作的關係，和自然資源資產有償使用和稅費制度改革。此外，國家公園、國土空間開發保護、資源節約集約利用、生態保護補償、生態損害賠償等方面還缺少相關法律規範，需要補充和完善；現有法規的權威性、剛性約束和嚴格執法也有待加強。

國家在加強完善法治環境的基礎上，還將進一步理順中央集

中統一與地方分級分類相結合的管理體制，釐清政府與市場的邊界，加強國有自然資源資產綜合管理。同時，通過深化自然資源資產產權制度改革，加強國土空間規劃和自然資源管理的科學性和推進自然資源資產有償使用制度改革，加快探索創新生態產品價值實現機制，加強國有自然資源資產管理標準體系建設。

## 三、基礎設施立法

基礎設施立法包括公路法、鐵路法、民用航空法、電力法、建築法、港口法和郵政法等法律，規範基礎設施的建設、使用、保護。

### 1、傳統基礎設施建設的法律框架

中國在基礎設施建設上的立法已有幾十年的歷史，但仍是一個正在發展中的法律領域。在傳統基礎設施建設、實施、運營和管理方面的標準化程度已經相對完善，法律規制也積累了不少經驗。現有的鐵路法、電力法、民用航空法、公路法、建築法、港口法以及石油天然氣管道保護法等已成為國家基礎設施建設保護和發展的法律基礎。

### 2、數字經濟基礎設施的發展和法律保障

和傳統的基礎設施相比，中國在數字基礎設施建設上仍處於創建和發展階段。目前數字經濟已成為推動數字中國建設的重要引擎。據統計，2021 年中國數字經濟規模達 45.5 萬億元，佔國內生產總值比重為 39.8%，數字經濟規模連續多年位居全球第二。國家已經把提升和發展數字經濟確定為重大戰略規劃。數字基礎設施是數字經濟的根基，隨着國家轉型建設的加速發展，以通信

網絡、數據中心、區塊鏈、雲計算、人工智能、城市空間操作系統等為代表的數字基礎設施，不僅已經成為社會管理和家庭生活的日常，更發展為國家治理的基本內容，其重要性與日俱增。與此相適應，中國數字基礎設施立法在二十年間，隨着互聯網發展經歷了從無到有、從少到多、由點到面、再行成體系的迅速發展過程。這類新型基礎設施的突出特點是其基礎性、公益性、創新性和安全性。

國家自 2021 年以來，先後出台了《電子商務法》《電子簽名法》《網絡安全法》《數據安全法》《個人信息保護法》以及國務院頒行的《互聯網信息服務管理辦法》《電信條例》《關鍵信息基礎設施安全保護條例》等。根據這些法規，數字網絡基礎設施安全主要包括網絡安全保護、保障和保衛等方面，特別是加強網絡安全保護，關鍵信息基礎設施安全保護、數據安全保護、供應鏈安全、網絡安全實時監測、信息通報預警、事件應急處置、技術安全檢測等。在制度方面，則強調加強法律法規、戰略規劃、組織管理、政策支持、機構建設、人才培養、安全審查等建設。與此同時，在地方層面，也出現了一批相關的規範，為國家法治體系的發展與完善做出了積極的探索。

### 3、關鍵信息基礎設施安全的概念和範圍

按照《關鍵信息基礎設施安全保護條例》規定，關鍵信息基礎設施，是指公共通信和信息服務、能源、交通、水利、金融、公共服務、電子政務、國防科技工業等重要行業和領域的，以及其他一旦遭到破壞、喪失功能或者數據泄露，可能嚴重危害國家安全、國計民生、公共利益的重要網絡設施、信息系統等。基於這類基礎設施的特殊重要性，國家要求堅持綜合協調、分工負

責、依法保護，強化和落實關鍵信息基礎設施運營者主體責任，形成綜合保護體系，充分發揮政府及社會各方面的作用，共同保護關鍵信息基礎設施安全。國家對關鍵信息基礎設施實行重點保護，採取措施，監測、防禦、處置來源於中華人民共和國境內外的網絡安全風險和威脅，保護關鍵信息基礎設施免受攻擊、侵入、干擾和破壞，依法懲治危害關鍵信息基礎設施安全的違法犯罪活動。

### 4、創新發展和不斷完善

中國在網絡基礎資源、重要網絡系統、網絡數據等領域持續開展立法和安全執法工作，有效防範化解安全風險，體系化構建網絡時代的安全環境。通過法制建設，在重要網絡系統領域，深化安全防護，防治網絡系統遭受大規模服務攻擊等重大安全事件。在網絡數據領域，提升數據安全保護監管能力，通過建立安全監測體系、實施分類分級管理等手段，強化工業互聯網、車聯網、5G應用等領域的數據安全執法。中國數字經濟和基礎設施法治環境的構建和完善使網絡違法行為受到查處，網絡生態和網絡秩序持續向好，也為中國參加全球互聯網治理，貢獻中國經驗創造了條件。

中國在基礎設施建設、管理和保護等方面的數字化建設及標準相對薄弱，與國際技術水平還有差距；不少領域還存在法律空白點和規則盲區，如數據權屬、交易、流通等基礎制度性立法等。加快構建與創新數字經濟和人工智能高速發展相適應的規則體系，為推動數字經濟基礎設施建設和高質量發展，有效參與國際競爭提供有力法治保障，仍將是今後一段時間內的重點關注。

# 第七章

## 當代中國的
## 社會法律制度

社會法是調整勞動關係、社會保障、社會福利、社團組建以及特殊群體權益保障等方面的法律規範，遵循的是公平和諧和國家適度干預的原則，通過國家和社會責任機制，對勞動者、失業者、喪失勞動能力的人以及其他需要扶助的特殊人群的權益提供必要的保障，維護社會公平，促進社會和諧。截至 2023 年 3 月中國已制定社會法方面的法律 27 件和關於勞動關係和社會保障的許多行政法規和地方性法規。

和民商法、刑法、經濟法等法律部門相比，中國的社會法體系發展時間較短。改革開放初期，經濟立法是國家立法的重點。但隨着國家社會和市場經濟快速發展，社會關係及主要矛盾發生了變化，包括市場化勞動關係的建立，覆蓋城鄉全體居民的社會保險體系的發展，特殊群體的權益保護和反家庭暴力要求日益強烈等。因此，社會立法的步伐逐步加快，以響應社會領域出現的新情況和新問題，為構建公平和諧的社會環境提供法律保障。

社會法所涵蓋的主要領域包括勞動立法（如勞動法及相關的一系列立法）、社會保障立法（如社會保險法、軍人保險法、退役軍人保障法、法律援助法等）、特殊群體權益保障立法（如殘疾人保障法、未成年人保護法、婦女權益保障法、母嬰保健法、

老年人權益保障法、歸僑僑眷權益保護法、反家庭暴力法、預防未成年人犯罪法等）、社會福利及社團立法（如公益事業捐贈法、慈善法、工會法、紅十字會法、境外非政府組織境內活動管理法等）。本章僅介紹幾個主要的領域。

# 第一節　勞動法及相關法律制度

## 一、勞動法體系的建立和發展

改革開放以來，經濟和與之相關的勞動市場高速發展，勞動關係成為公平、平等發展，構建和諧社會面臨的挑戰，勞動法的有效落實和監管一直是社會高度關注的熱點。為完善和強化勞工權益保護，國家在 2014 年頒佈《勞動法》後，於 2009 年和 2018 年對其進行了兩次重大修改，奠定了中國勞動法規的基礎，並在此基礎上形成了中國勞動法的框架和比較完整的體系，包括《勞動合同法》《就業促進法》《礦山安全法》《職業病防治法》《安全生產法》等。在國家法律之下，還有大量的行政法規和部門規章，使勞動法具有更強的操作性和執行力。

《勞動法》的立法目的是保護勞動者的合法權益，調整勞動關係，建立和維護適應社會主義市場經濟的勞動制度，促進經濟發展和社會進步。勞動者享有的基本權利包括平等就業和選擇職業的權利、取得勞動報酬的權利、休息休假的權利、獲得勞動安全衛生保護的權利、接受職業技能培訓的權利、享受社會保險和福利的權利、提請勞動爭議處理的權利等。勞動者有權依法參加和

組織工會及通過職工代表大會等參與民主管理，或者就保護勞動者合法權益與用人單位進行平等協商。勞動者就業，不因民族、種族、性別、宗教信仰不同而受歧視；特別是婦女享有與男子平等的就業權利。在錄用職工時，除國家規定的不適合婦女的工種或者崗位外，不得以性別為由拒絕錄用婦女或者提高對婦女的錄用標準。

## 二、勞動合同

　　法律要求，建立勞動關係，僱主和員工應當訂立書面勞動合同，用以明確勞動者與用人單位的勞動關係和雙方的權利和義務。已建立勞動關係，未同時訂立書面勞動合同的，應當自用工之日起一個月內訂立書面勞動合同。訂立和變更勞動合同，應當遵循平等自願、協商一致的原則，不得違反法律和行政法規的規定；違反法規或採取欺詐、威脅等手段訂立的勞動合同無效。用人單位自用工之日起滿一年不與勞動者訂立書面勞動合同的，法律將推定用人單位與勞動者已訂立無固定期限勞動合同。

　　勞動合同分為雙方約定合同終止時間的固定期限勞動合同、雙方沒約定確定終止時間的無固定期限的勞動合同和以完成一定工作任務為期限的勞動合同。用人單位與勞動者協商一致，可以訂立無固定期限勞動合同；如勞動者在該用人單位已連續工作滿十年或連續依法完成二次固定期限勞動合同，勞動者有權提出訂立無固定期限勞動合同。勞動合同中可以規定試用期，但期限和薪酬必須符合法律的規定。

　　勞動合同可以由於雙方同意或法定原因而解除。聘用方實時

解除勞動合同的理由可包括員工在試用期間被證明不符合錄用條件，嚴重違反法規、勞動紀律或規章制度，及嚴重失職，營私舞弊，對用人單位利益造成重大損害等。對於員工患病或者非因工負傷、不能勝任工作及勞動合同訂立時所依據的客觀情況發生重大變化（如公司經營困難或破產重組）等情況，致使原勞動合同無法履行，用人單位可以解除勞動合同，條件是應提前三十日以書面形式通知員工本人，並依照國家有關規定給予經濟補償。但法律規定，如員工患職業病或者因工負傷並被確認喪失或者部分喪失勞動能力、患病或者負傷，尚在規定的醫療期內的和女職工在孕期、產期、哺乳期內，用人單位不得解除勞動合同。勞動者在試用期內，可以隨時通知用人單位解除勞動合同；在其他情況下，如用人單位以暴力威脅等非法手段強迫勞動的，或未按照合同約定支付勞動報酬或者提供勞動條件的，勞動者有權解除勞動合同，只是應提前三十日以書面形式通知用人單位。

　　法律規定的集體合同是工會代表職工與企業簽訂；沒有建立工會的企業，可由職工推舉的代表與企業簽訂。雙方可以就勞動報酬、工作時間、休息休假、勞動安全衛生、保險福利等事項進行談判並形成草案，然後提交職工代表大會討論通過。與員工個人和聘用單位簽訂的勞動合同不同，集體合同簽訂後應當報送勞動管理部門；如其在十五日內沒有提出異議，集體合同即告生效。依法簽訂的集體合同對企業和企業全體職工具有約束力。

## 三、勞動時間

　　《勞動法》明確規定，員工每日工作時間不超過八小時，平均

每週工作時間不超過四十四小時，用人單位應當保證勞動者每週至少休息一日，並安排員工在國家法定假日休假。女職工生育享受不少於九十天的產假。用人單位不得違反法規延長勞動者的工作時間。對實行計件工作的單位或企業因生產特點不能實行固定規範工作時間的（如新產品上市需短期內大量供應），單位應合理確定勞動定額標準，經勞動管理部門批准，可以實行其他工作和休息辦法。

用人單位由於生產經營需要，必須超時加班工作，應與工會和勞動者協商，一般每日不得超過一小時；因特殊原因需要延長工作時間的，在保障勞動者身體健康的條件下延長工作時間，每日不得超過三小時，每月不得超過三十六小時。如果發生自然災害、事故或者因其他原因，威脅勞動者生命健康和財產安全，需要緊急處理，生產設備、交通運輸線路、公共設施發生故障，影響生產和公眾利益，必須及時搶修等則屬於法定的例外情況。

用人單位對法定假日期間工作和超時工作的員工應按法定標準支付高於正常工資的薪酬，即對超時工作，支付不低於其工資的百分之一百五十的工資報酬；休息日安排員工工作又不能安排補休的，支付不低於其工資的百分之二百的工資報酬；法定休假日安排員工工作的，支付不低於其工資的百分之三百的工資報酬。

## 四、勞動薪酬和最低工資制度

用人單位可以根據本單位的生產經營特點和經濟效益，依法自主確定本單位的工資分配方式和工資水平。但法律明確要求，工資分配應當遵循按勞分配原則，實行同工同酬，以貨幣形式按

月支付給勞動者本人，不得克扣或者無故拖欠勞動者的工資；並不得低於國家規定的最低工資標準。最低工資的具體標準由省、自治區、直轄市人民政府按照本地區的社會經濟情況規定和調整，報國務院備案。各地的最低工資標準一般都會在 1 — 2 年內進行調整，根據地區行業差異劃分不同的檔次，並在政府官網上發佈。

## 五、安全生產制度

　　法律規定，用人單位必須建立、健全勞動安全衛生制度，嚴格執行國家勞動安全衛生規程和標準，對員工進行勞動安全衛生教育，防止勞動過程中的事故，減少職業危害；同時必須為員工提供符合國家規定的勞動安全衛生條件和必要的勞動防護用品，對從事有職業危害作業的員工應當定期進行健康檢查。員工在勞動過程中必須嚴格遵守安全操作規程。如果用人單位管理人員違章指揮、強令冒險作業，員工有權拒絕執行並對危害生命安全和身體健康的行為提出批評、檢舉和控告。國家建立傷亡事故和職業病統計報告和處理制度。用人單位應當依法對員工在勞動過程中發生的傷亡事故和職業病狀況如實及時報告；政府勞動監管部門應進行統計和處理。

## 六、對女工和未成年工的特別保護

　　《勞動法》確立了國家對女工和未滿十八週歲的未成年工實行特殊勞動保護的制度和勞動強度標準。法律禁止安排女工從事礦

山井下和其他禁忌的重體力勞動；禁止安排女工在經期和孕期從事高處、低溫、冷水作業等國家禁忌的勞動，加班和夜班工作；禁止安排女職工在哺乳未滿一週歲的嬰兒期間從事國家禁忌的勞動；禁止安排未成年工從事礦山井下、有毒有害、重體力勞動和其他禁忌的勞動。用人單位應當依法對未成年工定期進行健康檢查。國家禁止用人單位招用不滿十六歲的童工。

## 七、勞動職業教育和培訓

國家各級政府和用人單位都負有通過各種途徑和措施，發展職業培訓，提高勞動者素質，增強勞動者的就業能力和工作能力的責任。國家根據職業分類，對規定的職業制定職業技能標準，實行職業資格證書制度，由專門機構負責對勞動者實施職業技能考核鑒定。用人單位特別應當建立職業培訓制度，按照國家規定提取和使用職業培訓經費，根據本單位實際，有計劃地對勞動者進行職業培訓。從事技術工種的勞動者，上崗前必須經過培訓。

## 八、退休和勞動保險

勞動者退休、患病、工作傷殘、失業、生育時依法享受社會保險待遇。勞動者死亡後，其遺屬依法享受遺屬津貼。國家發展社會保險事業，建立社會保險制度，設立社會保險基金（社保基金）。社保基金按照保險類型確定資金來源，用人單位和勞動者必須依法參加並繳納社會保險費。國家可對社保基金實行社會統籌。用人單位還可根據本單位實際情況為勞動者建立補充保險。

## 九、勞動爭議解決

用人單位與員工發生勞動爭議，可以依法申請調解、仲裁、提起訴訟，也可以協商解決。《勞動爭議調解仲裁法》規定，解決勞動爭議，應當根據合法、公正、及時處理的原則，依法維護勞動爭議當事人的合法權益。在用人單位內，可以根據「三方原則」設立勞動爭議調解委員會，即由員工代表、用人單位代表和工會代表組成。勞動爭議調解委員會主任由工會代表擔任。勞動爭議發生後，當事人可以首先向本單位勞動爭議調解委員會申請調解；調解不成，當事人一方要求仲裁的，可以向勞動爭議仲裁委員會申請仲裁。爭議當事人一方也可以直接向勞動爭議仲裁委員會申請仲裁。與商業仲裁不同，勞動爭議仲裁是勞動行政部門支持的仲裁。由於人民法院受理案件數量急劇增長，為舒緩司法案件壓力和使勞動糾紛及時解決，《勞動法》和《勞動爭議調解仲裁法》都要求勞動爭議雙方先進行協商、調解或仲裁。對仲裁裁決不服的，可以向人民法院提起訴訟。勞動仲裁庭對追討勞動報酬、工傷醫療費、經濟補償或者賠償金等不及時執行將嚴重影響申請人生活的案件，可根據當事人的申請，裁決先予執行後移送人民法院執行。此外，最高人民法院對審理勞動爭議案件做出的司法解釋，允許員工就用人單位拖欠勞動報酬的爭議，直接向人民法院起訴。

## 十、勞動執法檢查

《勞動法》要求縣級以上各級人民政府勞動管理部門依法對用

人單位遵守勞動法規的情況進行監督檢查，對違反勞動法律、法規的行為有權制止，並責令改正。各級工會有依法維護勞動者的合法權益的權利，對用人單位遵守勞動法律、法規的情況進行監督。法律對違反勞動法規的行為，規定了行政處罰、民事賠償和刑事懲處等責任。

# 第二節　婦女、老年人、未成年人保護法

在中國，婦女、老年人、未成年人佔社會六成以上，屬於社會相對弱勢的群體。社會主義的核心價值之一是社會公平，國家重視對婦女、老年人、未成年人的保護。在婦女、老年人、未成年人的保護領域，國家有專門的立法，維護社會的公平和正義。

## 一、婦女權益保護法律

在中國談及婦女的作用，人們常說的一句話是「婦女能頂半邊天」。但是由於歷史因素和社會條件制約，婦女的合法權益保護仍然面對很多困難和挑戰。國家制定專門的《婦女權益保障法》，以規定婦女權益保護，全面落實婦女在政治、經濟、文化、社會和家庭生活等各方面享有同男子平等權利的基本國策，確保廣大婦女平等參與社會生活、平等獲得發展機遇、平等享有發展成果。《婦女權益保護法》要求國家採取必要措施，弘揚新的社會核心價值觀，促進男女平等，消除對婦女一切形式的歧視，禁止排斥、限制婦女依法享有和行使各項權益；保護婦女依法享

有的特殊權益。國務院制定和組織實施中國婦女發展綱要，將其納入國民經濟和社會發展規劃，保障和促進婦女在各領域的全面發展。保障婦女的合法權益是全社會的共同責任。國家機關、社會團體、企業事業單位、基層群眾性自治組織以及其他組織和個人，都應當依法保障婦女的權益。中華全國婦女聯合會（全國婦聯）是代表及捍衛婦女權益、促進男女平等、維護少年兒童權益的全國性婦女組織，在中央和地方基層都設有自己的組織。《婦女權益保護法》從六個方面規定了婦女權益保護的內容，包括政治權利、人身和人格權益、文化教育權益、勞動和社會保障權益、財產權益、婚姻家庭權益以及法律救助措施等。

1、婦女的生命權、身體權、健康權不受侵犯。禁止虐待、遺棄、殘害、買賣以及其他侵害女性生命健康權益的行為。禁止進行非醫學需要的胎兒性別鑒定和選擇性別的人工終止妊娠。醫療機構施行生育手術、特殊檢查或者特殊治療時，應當徵得婦女本人同意；在婦女與其家屬或者關係人意見不一致時，應當尊重婦女本人意願。法律明確住宿經營者的安全保障義務，健全住宿服務規章制度，加強安全保障措施，發現可能侵害婦女權益的違法犯罪行為，應當及時向公安機關報告。最高人民法院 2022 年的《關於辦理人身安全保護令案件適用法律若干問題的規定》中指出，當事人因遭受家庭暴力或者面臨家庭暴力的現實危險，向人民法院申請人身安全保護令的，人民法院應當受理。人民法院受理申請後，應當在七十二小時內作出人身安全保護令或者駁回申請；情況緊急的，應當在二十四小時內作出。

2、《婦女權益保障法》對性騷擾的概念進行了界定，第二十三條明確指出，禁止違背婦女意願，以言語、文字、圖像、

肢體行為等方式對其實施性騷擾。受害婦女可以向有關單位和國家機關投訴。接到投訴的有關單位和國家機關應當及時處理，並書面告知處理結果。受害婦女可以向公安機關報案，也可以向人民法院提起民事訴訟，依法請求行為人承擔民事責任。第二十五條則詳細列舉了八條措施來指導用人單位預防和制止對婦女的性騷擾，包括（1）制定禁止性騷擾的規章制度；（2）明確負責機構或者人員；（3）開展預防和制止性騷擾的教育培訓活動；（4）採取必要的安全保衛措施；（5）設置投訴電話、信箱等，暢通投訴渠道；（6）建立和完善調查處置程序，及時處置糾紛並保護當事人隱私和個人信息；（7）支持、協助受害婦女依法維權，必要時為受害婦女提供心理疏導；（8）其他合理的預防和制止性騷擾措施。

3、《婦女權益保護法》第二十八條明確規定，婦女的姓名權、肖像權、名譽權、榮譽權、隱私權和個人信息等人格權益受法律保護。媒體報道涉及婦女事件應當客觀、適度，不得通過誇大事實、過度渲染等方式侵害婦女的人格權益。禁止通過大眾傳播媒介或者其他方式貶低損害婦女人格。未經本人同意，不得通過廣告、商標、展覽櫥窗、報紙、期刊、圖書、音像製品、電子出版物、網絡等形式使用婦女肖像，但法律另有規定的除外。新法第二十九條提出，禁止以戀愛、交友為由或者在終止戀愛關係、離婚之後，糾纏、騷擾婦女，泄露、傳播婦女隱私和個人信息。婦女遭受上述侵害或者面臨上述侵害現實危險的，可以向人民法院申請人身安全保護令。

4、用人單位在招錄（聘）過程中，除國家另有規定外，不得實施下列行為：限定為男性或者規定男性優先；除個人基本信息

外，進一步詢問或者調查女性求職者的婚育情況；將妊娠測試作為入職體檢項目；將限制結婚、生育或者婚姻、生育狀況作為錄（聘）用條件；其他以性別為由拒絕錄（聘）用婦女或者差別化地提高對婦女錄（聘）用標準的行為。

《婦女權益保護法》第四十四條規定，用人單位在錄（聘）用女職工時，應當依法與其簽訂勞動（聘用）合同或者服務協議，勞動（聘用）合同或者服務協議中應當具備女職工特殊保護條款，並不得規定限制女職工結婚、生育等內容。職工一方與用人單位訂立的集體合同中應當包含男女平等和女職工權益保護相關內容，也可以就相關內容制定專章、附件或者單獨訂立女職工權益保護專項集體合同。除了招聘環節，新修訂法律還新增了第四十九條，即人力資源和社會保障部門應當將招聘、錄取、晉職、晉級、評聘專業技術職稱和職務、培訓、辭退等過程中的性別歧視行為納入勞動保障監察範圍。此舉實現全過程勞動保障監察，增加了保障力度。

5、《婦女權益保障法》第四十八條明確指出，用人單位不得因結婚、懷孕、產假、哺乳等情形，降低女職工的工資和福利待遇，限制女職工晉職、晉級、評聘專業技術職稱和職務，辭退女職工，單方解除勞動（聘用）合同或者服務協議。女職工在懷孕以及依法享受產假期間，勞動（聘用）合同或者服務協議期滿的，勞動（聘用）合同或者服務協議期限自動延續至產假結束。但是，用人單位依法解除、終止勞動（聘用）合同、服務協議，或者女職工依法要求解除、終止勞動（聘用）合同、服務協議的除外。用人單位在執行國家退休制度時，不得以性別為由歧視婦女。

6、《婦女權益保障法》第六十六條規定，婦女對夫妻共同財

產享有與其配偶平等的佔有、使用、收益和處分的權利，不受雙方收入狀況等情形的影響。對夫妻共同所有的不動產以及可以聯名登記的動產，女方有權要求在權屬證書上記載其姓名；認為記載的權利人、標的物、權利比例等事項有錯誤的，有權依法申請更正登記或者異議登記，有關機構應當按照其申請依法辦理相應登記手續。

## 二、老年人權益保護法

### 1、中國老年化社會的形成和法律應對

中國正在快速進入老年化社會，最新的人口普查顯示，中國 60 歲及以上人口的比重達到 18.7%，老年人口規模龐大。中國 60 歲及以上人口有 2.6 億人，其中，65 歲及以上人口 1.9 億人；另外，老齡化進程明顯加快。2010 年— 2020 年，60 歲及以上人口比重上升了 5.44%，與上個十年相比，上升幅度提高了 2.51%。面對新的社會現實，《老年人權益保障法》自 1996 年頒佈以來，已經過了三次修訂，積極應對人口老齡化已成為國家的一項長期戰略任務。

根據法律，老年人是指六十週歲以上的公民。《憲法》已對老年人權益保護作出了規定；《老年人權益保護法》則使憲法確立的理念和原則細化。國家保障老年人合法權益，發展老齡事業，保障老年人依法享有的權益。老年人有從國家和社會獲得物質幫助的權利，有享受社會服務和社會優待的權利，有參與社會發展和共享發展成果的權利。法律禁止歧視、侮辱、虐待或者遺棄老年人和對老年人實施家庭暴力。保障老年人合法權益，優待老年人

是全社會的共同責任。每年農曆九月初九（重陽節）被定為國家的老年節。

社會應發展多層次的社會保障體系，逐步提高對老年人的保障水平；建立和完善以居家為基礎、社區為依託、機構為支撐的社會養老服務體系。國家建立健全家庭養老支持政策，鼓勵家庭成員與老年人共同生活或者就近居住，為老年人隨配偶或者贍養人遷徙提供條件，為家庭成員照料老年人提供幫助。

### 2、家庭法對老年人保護的專門規定

法律規定，家庭成員應當尊重、關心和照料老年人；老年人的子女及其他依法負有贍養義務的人對老年人承擔經濟上供養、生活上照料和精神上慰藉的法律義務，照顧老年人的特殊需要，不得忽視、冷落老年人。贍養人應當使患病的老年人及時得到治療和護理；對經濟困難的老年人，應當提供醫療費用。對於生活不能自理的老年人，贍養人應當承擔照料的責任；不能親自照料的，可以按照老年人的意願委託他人或者養老機構等照料。與老年人分開居住的家庭成員，應當經常看望或者問候老年人。贍養人不履行贍養義務，老年人有要求贍養人付給贍養費等權利。

老年人的婚姻自由受法律保護。子女或者其他親屬不得干涉老年人離婚、再婚及婚後的生活。贍養人的贍養義務不因老年人的婚姻關係變化而消除。老年人對個人的財產，依法享有佔有、使用、收益和處分的權利，子女或者其他親屬不得干涉，不得以竊取、騙取、強行索取等方式侵犯老年人的財產權益。老年人與配偶有相互扶養的義務；老年人以遺囑處分財產，應當依法為老年配偶保留必要的份額。老年人有依法繼承其他親屬遺產的權利，有接受贈與的權利。

### 3、養老保險和服務

國家逐步建立和發展基本養老保險制度，保障老年人的基本生活，包括基本醫療保險制度，長期護理保障工作，對經濟困難的老年人給予基本生活、醫療、居住或者其他救助制度，老年人福利制度（如鼓勵地方建立八十週歲以上低收入老年人高齡津貼制度）等。國家鼓勵慈善組織以及其他組織和個人為老年人提供物質幫助；老年人也可以與集體經濟組織、基層社會組織或養老機構等組織或者個人簽訂遺贈扶養協議或者其他扶助協議。

地方各級人民政府和有關部門應當採取措施，為老年人提供社會服務，包括發展社區養老服務，鼓勵、扶持專業服務機構及其他組織和個人，為居家的老年人提供生活照料、緊急救援、醫療護理、精神慰藉、心理諮詢等多種形式的服務。此外，還應當將養老服務設施納入社區建設規劃，建立適應老年人需要的生活服務、文化體育活動、日間照料、疾病護理與康復等服務設施和網點，就近為老年人提供服務。法律明確要求，各級人民政府應當根據經濟發展水平和老年人服務需求，逐步增加對養老服務的投入。

按照《老年人權益保護法》，政府應投資興辦養老機構，應當優先保障經濟困難的孤寡、失能、高齡等老年人的服務需求。國家應制定養老服務設施建設、養老服務質量和養老服務職業等標準，建立健全養老機構分類管理和養老服務評估制度。地方各級人民政府應加強對本地區養老機構管理工作的領導、指導和管理，建立養老機構綜合監管制度。

### 4、老年人的社會參與

老年人權益保護的另一個重要內容市重視和珍惜老年人的

知識、技能、經驗和優良品德，發揮老年人的專長和作用，保障老年人參與經濟、政治、文化和社會生活。法律重視老年人和老年人組織向國家機關提出老年人權益保障、老齡事業發展等方面的意見和建議。國家鼓勵老年人在自願和量力的情況下，從事對青少年和兒童進行傳統教育，傳授文化和科技知識，提供諮詢服務，參與科技開發和應用，依法從事經營和生產活動，參加志願服務，興辦社會公益事業，參與維護社會治安、協助調解民間糾紛等活動。

為切實保障老年人權益，法律規定了相應的法律責任。老年人合法權益受到侵害的，被侵害人或者其代理人有權要求有關部門處理，或者依法向人民法院提起訴訟。人民法院和有關部門，對侵犯老年人合法權益的申訴、控告和檢舉，應當依法及時受理，不得推諉、拖延。

## 三、未成年人保護法

### 1、未成年人保護的專門立法

未成年人是指未滿十八週歲的公民。青少年的健康成長關乎國家的未來，國家在 1991 年就制定了《未成年人保護法》，並不斷進行大幅度修訂，根據社會發展的實際情況，充實新的內容。最新的修訂在 2020 年完成，增加的字數約 1 萬字，條文從 72 條增至 132 條。法律明確提出的立法目的是為了保護未成年人身心健康，保障未成年人合法權益，促進未成年人全面發展，培養有理想、有道德、有文化、有紀律的時代新人。

《未成年人保護法》為未成年人的生存權、發展權、受保護

權、參與權等權利提供法律保護，明確規定未成年人依法平等地享有各項權利，不因本人及其父母或者其他監護人的民族、種族、性別、戶籍、職業、宗教信仰、教育程度、家庭狀況、身心健康狀況等受到歧視。法律特別確立了最有利於未成年人，優先保護和保護與教育相結合原則，包括他們的人格尊嚴、隱私權和個人信息等。

2020 年的法律修訂在原來未成年人保護的四個方面，即家庭保護、學校保護、社會保護和司法保護的基礎上，增加了政府保護和網絡保護，使法律結構更為完善。根據法律，保護未成年人，是國家和全社會的共同責任。國家、社會、學校和家庭應當教育和幫助未成年人維護自身合法權益，增強自我保護的意識和能力。

### 2、未成年人的家庭保護

未成年人的父母或者其他監護人對未成年人負有監護的法律職責，包括為未成年人提供生活、健康、安全等方面的保障；關注未成年人的生理、心理狀況和情感需求；教育和引導未成年人遵紀守法，養成良好的思想品德和行為習慣；尊重未成年人受教育的權利，保障他們依法接受並完成義務教育；以及預防和制止未成年人的不良行為和違法犯罪行為，並進行合理管教。法律禁止未成年人的父母或者其他監護人對未成年人實施家庭暴力；禁止允許或者迫使未成年人違法勞動或結婚；禁止放任或教唆未成年人違法犯罪以及進行吸煙（包括電子煙）、飲酒、賭博、流浪乞討、欺凌他人、沉迷網絡、接觸有害信息及進入成人活動場所等行為。

未成年人的父母或者其他監護人不得使未滿八週歲或者由於

身體、心理原因需要特別照顧的未成年人處於無人看護狀態；不得使未滿十六週歲的未成年人脫離監護單獨生活。未成年人的父母或者其他監護人因外出務工等原因在一定期限內不能完全履行監護職責的，應當依法審慎委託具有照護能力的人代為照護。新修訂的《未成年人保護法》特別明確了國家監護制度，規定在未成年人的監護人不能履行監護職責時，由國家承擔監護職責。

### 3、未成年人的學校保護

幼兒園和學校應做好保育和教育工作，實施素質教育，注重培養未成年學生認知能力、合作能力、創新能力和實踐能力，促進未成年學生全面發展。幼兒園和學校的教職員工應尊重未成年人人格尊嚴，不得實施體罰或者其他侮辱人格尊嚴的行為，不得違反國家規定開除、變相開除未成年學生。學校應當關心愛護學生，不得因家庭、身體、心理、學習能力等情況歧視學生。對家庭困難、身心有障礙的學生，應當提供關愛；對行為異常、學習有困難的學生，應當耐心幫助。學校應當配合政府部門建立父母外出務工後，留守在家的未成年學生、貧困未成年學生的信息檔案，開展關愛幫扶工作。

《未成年人保護法》設立了未成年人權益受侵害時的強制報告制度，以及密切接觸未成年人行業從業人員的准入資格制度。法律明確規定，對嚴重的欺凌行為以及性侵害和性騷擾未成年人等違法犯罪行為，幼兒園和學校不得隱瞞，應當及時向公安機關、教育行政部門報告，並配合相關部門依法處理。密切接觸未成年人的單位招聘工作人員時，應當向公安機關和人民檢察院查詢應聘者是否有違法犯罪記錄；發現其具有前述行為記錄的，不得錄用。

### 4、未成年人的社會保護

　　國家鼓勵、支持和引導人民團體、企業事業單位、社會組織以及其他組織和個人，開展有利於未成年人健康成長的社會活動和服務。居民委員會或村民委員會應當設置專人專崗，負責未成年人保護工作，監督未成年人的父母或者其他監護人依法履行監護職責，建立留守未成年人、困境未成年人的信息檔案並給予關愛幫扶。此外，愛國主義教育基地、圖書館、青少年宮、兒童活動中心、兒童之家應當對未成年人免費開放；博物館、紀念館、科技館、展覽館、美術館、文化館、社區公益性互聯網上網服務場所以及影劇院、體育場館、動物園、植物園、公園等場所，應當按照有關規定對未成年人免費或者優惠開放。新聞媒體應當加強未成年人保護方面的宣傳和監督；採訪報道涉及未成年人事件的應當客觀、審慎和適度，不得侵犯未成年人的名譽、隱私和其他合法權益。公共場所發生突發事件時，應當優先救護未成年人。

　　國家、社會、學校和家庭依法應當加強未成年人網絡素養宣傳教育，培養和提高未成年人的網絡素養，增強未成年人科學、文明、安全、合理使用網絡的意識和能力，保障未成年人在網絡空間的合法權益。國家網絡信息其他有關部門應當加強對未成年人網絡保護工作的監督檢查，依法懲處利用網絡從事危害未成年人身心健康的活動，為未成年人提供安全、健康的網絡環境；並根據保護不同年齡階段未成年人的需要，確定可能影響未成年人身心健康網絡信息的種類、範圍和判斷標準。未經學校允許，未成年學生不得將手機等智能終端產品帶入課堂，帶入學校的應當統一管理。國家還建立統一的未成年人網絡遊戲電子身份認證系

統。網絡遊戲服務提供者應當要求未成年人以真實身份註冊信息並登錄網絡遊戲。

在政府保護層面，法律要求縣級以上人民政府承擔未成年人保護協調機制，並明確相關機構、專門人員保護未成年人的工作責任。各級人民政府應當將家庭教育指導服務納入城鄉公共服務體系，開展家庭教育知識宣傳，鼓勵和支持有關人民團體、企業事業單位、社會組織開展家庭教育指導服務。重點承擔責任的機構包括公安機關、教育行政、衛生保健和國家民政等部門。

### 5、未成年人的司法保護

國家司法機關依法負有責任職責，保障未成年人合法權益。辦理涉及未成年人案件，應確定專門機構，辦案人員應當經過專門培訓，熟悉未成年人身心特點。專門機構或者專門人員中，應當有女性工作人員。對有需要的未成年人，法律援助機構或司法部門應當給予幫助，依法為其提供法律援助或者司法救助。司法機關應當與其他有關部門和組織互相配合，對遭受性侵害或者暴力傷害的未成年被害人及其家庭實施必要的心理干預、經濟救助、法律援助、轉學安置等保護措施。對違法犯罪的未成年人，實行教育、感化、挽救的方針，堅持教育為主、懲罰為輔的原則。

新修訂的《未成年人保護法》進一步強化了法律責任，違反未成年人保護法相關規定，將受到更為嚴格的處罰。除了原有對違法、失責機關和人員規定了行政、民事及刑事處罰外，還增加了公安機關可以要求不依法履職的父母去接受家庭教育指導，對學校等機關直接責任人進行處分，和對違法企業可以進行罰款甚至吊銷執照等新的承擔責任方式。

# 第三節　社團法律制度

中國作為社會主義國家有着自己特色的社團管理制度。一方面需要保障公民的結社自由，維護社會團體的合法權益；另一方面需確保社團組織活動遵守國家法律，有助於社會發展和穩定。在教育、民族、社會經濟活動等不同領域都有社團組織存在，並有相應的管理制度。國務院 2016 年發佈的《社會團體登記管理條例》對各類社團的建立作出了基本規定，適用於所有中國公民自願組成，為實現會員共同意願，按照其章程開展活動的非營利性社會組織。

## 一、《社會團體登記管理條例》

建立社團除必須具備法人條件外，必須遵守憲法、法律、法規和國家政策，不得反對憲法確定的基本原則，不得危害國家的統一、安全和民族的團結，不得損害國家利益、社會公共利益以及其他組織和公民的合法權益，不得違背社會道德風尚。社會團體不得從事營利性經營活動。

《社會團體登記管理條例》規定，成立社會團體，應當有 50 個以上的個人會員或者 30 個以上的單位會員；有規範的名稱和相應的組織機構；有固定的住所；有與其業務活動相適應的專職工作人員；有合法的資產和經費來源，全國性的社會團體有 10 萬元以上活動資金；以及有獨立承擔民事責任的能力。

進行登記是社團建立和開展活動的前提。全國性的社會團體，由民政部負責登記管理；地方性的社會團體，由所在地人民

政府的登記管理機關負責登記管理。申請成立社會團體，應當經其業務主管單位審查同意，由發起人向登記管理機關申請登記，並提交社團章程和其他相關文件。社會團體登記事項包括：名稱、住所、宗旨、業務範圍、活動地域、法定代表人、活動資金和業務主管單位。登記管理機關應當在收到全部有效文件之日起60日內，作出准予或者不予登記的決定。准予登記的，發給《社會團體法人登記證書》；不予登記的，應當向發起人說明理由。

社團組織建立後，登記管理機關繼續履行其監督管理職責，包括負責社會團體的成立、變更、註銷的登記，對社會團體實施年度檢查，以及對社會團體違反法規的問題進行監督檢查，給予行政處罰。社團的業務主管單位也將對監督、指導社會團體遵守憲法、法律、法規和國家政策，依據其章程開展活動履行職責。社團違反法規，由登記管理機關給予警告，責令改正，可以限期停止活動，並可以責令撤換直接負責的主管人員；情節嚴重的，予以撤銷登記，甚至依法追究刑事責任。

## 二、《境外非政府組織境內活動管理法》

中國於 2016 年制定了《境外非政府組織境內活動管理法》，以規範、引導境外非政府組織在中國境內的活動。境外非政府組織，是指在境外合法成立的基金會、社會團體、智庫機構等非營利、非政府的社會組織。這些組織可以在經濟、教育、科技、文化、衛生、體育、環保等領域和濟困、救災等方面開展有利於公益事業發展的活動，並得到法律的保護。同時法律要求，境外非政府組織遵守中國法律，不得危害中國的國家統一、安全和民族

團結，不得損害中國國家利益、社會公共利益和公民、法人以及其他組織的合法權益；並不得在中國境內從事或者資助營利性活動、政治活動，不得非法從事或者資助宗教活動。

境外非政府組織在中國境內開展活動，應當依法向公安機關辦理登記，設立代表機構；未登記設立代表機構需要在中國境內開展臨時活動的，應當依法備案。境外非政府組織因活動需要，在中國設立代表機構，應滿足相關的法律條件，包括在境外合法成立，能夠獨立承擔民事責任，章程規定的宗旨和業務範圍有利於公益事業發展，在境外已存續二年以上並開展實質性活動等。法律對境外非政府組織在中國境內的活動資金也作出了一定限制，如不得使用境外來源合法資金和中國境內合法取得資金以外的資金；境外非政府組織及其代表機構不得在中國境內進行募捐。

另外，境外非政府組織在中國境內開展活動，還必須遵守中國的外匯、稅務、員工聘用等管理措施，執行中國統一的會計制度和中國境內會計師事務所審計，以及接受民政部門的監管，接受年度檢查。

# 第四節　法律援助法

## 一、法律援助制度的重要地位

法律援助制度是國家通過無償服務，幫助經濟困難或由於其他原因難以通過通常途徑保障自身權益的社會弱勢群體的一項法律保障制度，亦是世界上普遍採用的一種國家司法援助制度。法律援助作為實現社會正義和司法公正，保障公民基本權利的國家

行為，在中國的司法體系中佔有重要的地位，也是公共法律服務體系的組成部分。在已有不同立法的基礎上，2021 年中國專門制定了《法律援助法》，使這一國家制度更為明確和系統化。

## 二、法律援助的條件

申請法律援助的公民必須具備兩個基本條件，即申請人有充分理由證明為保障自己的合法權益需要法律幫助，確因經濟困難無能力或無完全能力支付法律服務費用。法律援助的範圍包括：刑事案件的犯罪嫌疑人或被告人因經濟困難，或者因未成年、殘障、不具完全行為能力等沒有委託辯護人的，強制醫療案件的被申請人或者被告人沒有委託訴訟代理人的，依法請求國家賠償、請求給予社會保險待遇或者社會救助的，請求發給撫恤金、贍養費、撫養費、扶養費的，請求確認勞動關係或者支付勞動報酬的，請求工傷事故、交通事故、食品藥品安全事故、醫療事故人身損害賠償的，和請求環境污染、生態破壞損害賠償等。

《法律援助法》還規定了例外，一些當事人申請法律援助，不受經濟困難條件的限制；包括英雄烈士近親屬為維護英雄烈士的人格權益，因見義勇為行為主張相關民事權益，錯案再審改判無罪後請求國家賠償；以及遭受虐待、遺棄或者家庭暴力的受害人主張相關權益等情況。

因經濟困難申請法律援助的，申請人應當如實說明經濟困難狀況。法律援助機構可以通過信息共享系統和申請人所在單位、村民委員會或居民委員會查詢申請人的經濟困難狀況，或者由申請人進行個人誠信承諾。對於無固定生活來源的未成年人、老年

人、殘疾人等特定群體，社會救助、司法救助或者優撫對象，申請支付勞動報酬或者請求工傷事故人身損害賠償的進城務工人員，或法律規定的其他人員免除經濟困難狀況的核查。法律援助機構收到法律援助申請後，如有時效迫近、需要立即申請財產保全、證據保全或者先予執行等緊急情況，可以決定先行提供法律援助。

## 三、法律援助的架構

目前中國已建立了法律援助體系的四級組織架構：在國家一級，建立司法部法律援助中心，統一對全國的法律援助工作實施指導和協調；同時，通過中國法律援助基金會募集、管理和使用法律援助基金，宣傳國家的法律援助制度，促進司法公正。其基金來源主要包括國內社團、企業、商社及個人的捐贈和贊助；基金存入金融機構收取的利息；購買債券和企業股票等有價證券的收益等。在地方建立省（自治區）、市、縣級法律援助中心，對轄區內的法律援助工作實施指導和協調。在實踐中，縣級以上司法局設立專責機構，負責組織實施法律援助工作，受理、審查法律援助申請，指派律師、基層法律服務工作者、法律援助志願者等法律援助人員提供法律援助，支付法律援助補貼。

提供中國法律援助的專業人士包括律師、公證員和基層法律工作者。律師主要提供訴訟法律援助（包括刑事辯護、刑事代理和民事訴訟代理等）和非訴訟法律援助；公證員主要提供公證事項的法律援助；基層法律工作者主要提供法律諮詢、代書、普通非訴訟事項的幫助等簡易法律援助。法律援助人員接受指派後，

無正當理由不得拒絕、拖延或者終止提供法律援助服務。

如發現受到法律援助的人，有欺騙、隱瞞、經濟狀況發生變化、其申請的理由不再存在等情況，法律援助機構應作出終止法律援助的決定。申請人和受援助的人不同意法律援助機構不予法律援助、終止法律援助的決定，可以向當地司法局提出異議。司法局應當在五日內進行審查，並作出決定。

第八章

當代中國民商
事糾紛解決

中國是世界上最大的發展中國家。在社會治理現代化和市場經濟高速發展的進程中，必然產生大量的糾紛衝突和新類型的法律問題。國家在制定第 14 個五年規劃（2021 — 2025）時就指出，當前和今後一個時期是中國各類矛盾和風險易發期。根據 2023 年《最高人民法院工作報告》，全國各級人民法院每年受理的糾紛案件已超過 3300 萬件，並仍在快速增長。這一態勢對於國家的平穩發展，和諧社會構建形成了嚴峻的挑戰；因此，防範化解社會矛盾風險關係到社會安定、市場秩序和國家法治環境，方便人民群眾及時高效解決糾紛，實現社會公平正義，維護法律的尊嚴和權威，是國家和全社會的重要任務。

處理民商事糾紛首先鼓勵有爭議的各方友好協商；其後可有第三方加入調節，專業機構仲裁和人民法院的訴訟程序。與此相對應的，國家制定了《人民調解法》《仲裁法》和《民事訴訟法》，構建了民商事糾紛解決的法律框架。針對中國的具體國情，國家提出了「完善社會矛盾糾紛多元預防調處化解綜合機制，努力將矛盾化解在基層」方針，強調糾紛解決的「綜合性」（即各相關部門的聯動，綜合治理體系）和「多元化」（即不同的解決方式和機制並用）。中國為此進行的探索已成為其社會治理現代化的創新實踐。

# 第一節　人民調解法

## 一、調解的本土背景和法制化

　　調解是中國久已存在的一種民事糾紛解決方式，以「和為貴」的法律文化傳統為基礎，具有濃厚的本土色彩，被稱為是與西方訴訟為主不同的「東方經驗」。近年來，在構建和諧社會的進程中，人民調解被賦予重要使命，從一種民間糾紛化解制度轉變為一種現代法律制度，並與仲裁和司法制度建立起密切的聯繫。2011 年開始實施的《人民調解法》是極具中國特色的一部立法，是人民調解工作全面步入現代化和法制化的標誌。

　　人民調解是指民間的人民調解委員會通過說服、疏導等方法，促使當事人在平等協商基礎上，自願達成調解協議，解決民間糾紛的活動。雖然人民調解的活動是在基層民間進行的，但由於其及時高效解決民間糾紛，維護社會和諧穩定，從而成為國家法律服務體系的重要組成部分。

## 二、人民調解委員會

　　人民調解委員會是依法設立的調解民間糾紛的群眾性組織。鄉鎮村民委員會、街道居民委員會以及企業事業單位通過推選都可設立人民調解委員會。人民調解委員會可由三至九人組成，其中應當有婦女成員。人民調解委員會委員每屆任期三年，可以連選連任，並接受群眾監督。人民調解委員會聘任人民調解員。由於人民調解員承擔着化解矛盾、宣傳法治、維護穩定、促進和諧的職責，所以需由公道正派、熱心人民調解工作，並具有一定文

化水平、政策水平和法律知識的成年公民擔任。人民調解委員會安排調解員調解矛盾糾紛，不收取任何費用。人民調解員如有不當行為，如偏袒一方當事人、牟取不正當利益、泄露當事人的個人隱私或商業祕密等，人民調解委員會給予批評教育、責令改正，直至罷免解聘。

## 三、調解的基本原則

人民調解必須依照法定原則，在當事人自願、平等的基礎上進行，且不得違背法規和國家政策。調解應尊重當事人的權利，不得因調解而阻止當事人依法選擇通過仲裁、行政、司法等其他途徑維護自己的權利。遇有矛盾糾紛時，當事人可以向人民調解委員會申請調解；人民調解委員會也可以主動進行調解，但須以當事人自願同意為前提。基層人民法院、公安機關、信訪部門等機關在處理糾紛時對，如認為適宜通過人民調解方式進行解決，可以在受理案件前告知當事人可選擇向人民調解委員會申請調解。當事人在選擇調解的過程中，享有選擇或者接受人民調解員、接受調解、拒絕調解或者要求終止調解、要求調解公開進行或者不公開進行、自主表達意願和達成調解協議等方面的權利。同時，當事人也應承擔如實陳述糾紛事實，遵守調解現場秩序，尊重人民調解員和對方當事人的法律責任。

## 四、調解的過程和方式

在調解具體糾紛時，人民調解委員會可根據調解需要，指定

一名或者數名人民調解員進行調解，也可以由當事人選擇一名或者數名人民調解員進行調解。人民調解員也可根據調解需要，在徵得當事人的同意後，邀請當事人的親屬、鄰里、同事等參與調解，還可以邀請具有專門知識、特定經驗的人員或者有關社會組織的人士參與調解。人民調解委員會支持當地公道正派、熱心調解、群眾認可的社會人士參與調解。

人民調解員在調解過程中，根據糾紛的不同情況，可以採取多種方式進行調解，充分聽取當事人的陳述，講解有關法規和國家政策，耐心講道理進行疏導，主持公道，在當事人平等協商、互諒互讓的基礎上提出糾紛解決方案，幫助當事人自願達成調解協議，化解糾紛。如發現糾紛有可能激化的，應當採取有針對性的預防措施，包括及時向當地公安機關或者其他有關部門報告。如果實在調解不成，應當終止調解，並依據有關法規，告知當事人可以依法通過仲裁、行政、司法等其他途徑解決糾紛。

## 五、調解協議

經人民調解委員會調解達成調解協議的，可以制作調解協議書，也可以口頭達成協議；人民調解員應當記錄協議內容。調解協議書應當包括當事人的基本信息、糾紛的主要事實、爭議事項、各方當事人的責任、當事人達成調解協議、履行方式和期限等基本內容。調解協議書自各方當事人和人民調解員簽名、蓋章並加蓋人民調解委員會印章之日起生效。口頭調解協議自各方當事人達成協議之日起生效。人民調解委員會應當對調解協議的履行情況進行監督，督促當事人履行約定的義務。

法律規定，經人民調解委員會調解達成的調解協議，具有法律約束力，當事人應當按照約定履行。雙方當事人認為有必要的，可以在調解協議生效之日起三十日內共同向人民法院申請司法確認；人民法院依法確認調解協議有效，一方當事人拒絕履行的，對方當事人可以向人民法院申請強制執行。人民法院如依法認為調解協議無效，當事人可以通過人民調解方式變更原調解協議，達成新的調解協議，也可以直接向人民法院提起訴訟。達成調解協議後如當事人反悔，當事人之間就調解協議的履行或者調解協議再發生爭議的，一方當事人可以向人民法院提起訴訟。

人民調解在中國矛盾糾紛多元化解機制中發揮着基礎性作用，已成為民間糾紛解決的主渠道，並在向更多領域延伸。到目前為止，已基本形成以人民調解為基礎，人民調解、行政調解（如勞動調解）、行業性專業性調解（如消費者爭議調解和金融糾紛調解）、司法調解（司法程序中的調解）等不同調解制度優勢互補、協調聯動的「大調解」格局。全國更成立了中華全國人民調解員協會，支持人民調解員依法履行職責，維護人民調解員的合法權益，指導地方人民調解員協會工作，同時開展與國外和港、澳、台地區調解組織的交流活動。

# 第二節　仲裁法

## 一、仲裁的概念

仲裁制度是指民商事爭議的當事人達成協議，自願將爭議提交選定的第三者根據一定程序規則和公正原則作出裁決，解決糾

紛的一種法律制度。仲裁從性質上說，與人民法院行使國家審判權不同，是一種社會、民間的裁判行為，與和解、調解、訴訟並列為不同解決民商事爭議的方式。但仲裁機構和活動受到國家監督，仲裁裁決也可通過人民法院強制執行。因此，仲裁活動具有司法性，是中國司法制度的重要組成部分。

仲裁之所以在爭議解決中被廣泛應用，是因為其具有顯著的特點。仲裁除了比訴訟結案迅速、費用成本相對較低、仲裁員大都是當事人選任的專家或專業人士、仲裁裁決可得到法院認可和執行等因素外，當事人可有更大的自由選擇權，包括仲裁地點、適用法律和仲裁員人選的選擇等。由於仲裁審理可不公開，當事人可以有更為保密的環境進行陳述和協商，大大降低了法院訴訟的對抗性，不僅當事人可以保持體面，而且有利於維繫當事人今後的友好合作關係。

## 二、仲裁在中國的發展

中國早在 1987 年就加入了聯合國《承認與執行外國仲裁裁決公約》（「紐約公約」），並於 1994 年頒佈了《仲裁法》，建立了全國統一的仲裁制度。由於仲裁常被用於解決國際投資、貿易等商業糾紛，加之中國經濟發展日益融入國際市場競爭，所以中國仲裁制度與國際上通行的基本原則和制度以及習慣作法高度接軌，並不斷根據國際發展趨勢進行完善和補充。目前中國已設立了 270 多家仲裁機構，遍佈全國各地；中國國際經濟貿易仲裁委員會（CIETAC），中國海事仲裁委員會（CMAC）以及北京、上海、深圳等地的仲裁委員會都已成為國際知名的仲裁機構，並創

造出仲裁與調解相結合的「東方經驗」。近年來在中國每年進行的仲裁案件突破 40 萬件，案件爭議總額超過 7 千億元，涉及到世界上 100 多個國家和地區。隨着「一帶一路」的推進發展，中國的仲裁制度已經在國際範圍內被越來越多的了解、接受和選擇，影響力不斷提升。

## 三、仲裁的基本制度

根據《仲裁法》，中國仲裁包括協議仲裁、或裁或審、一裁終局、機構仲裁、獨立性等五項基本制度：

1、自願原則，是指當事人採用仲裁方式解決糾紛，應當雙方完全自願，達成仲裁協議；沒有仲裁協議申請仲裁的，仲裁委員會不會受理。

2、或裁或審原則，是指當事人選擇解決爭議方法時，在仲裁與法院訴訟中只能二者取其一；當事人如果選擇了以仲裁途徑解決爭議，就不可以再進行訴訟；反之亦然。當事人只有在沒有訂立仲裁協議或者仲裁協議無效時，才能向人民法院起訴。

3、一裁終局原則，是指仲裁庭一旦作出裁決，即對當事人間的糾紛發生終局性的法律效力，當事人不得再就同一糾紛申請再次仲裁或向人民法院提起訴訟。

4、機構仲裁是具有中國特色的一項制度，是指中國的仲裁必須是以「仲裁委員會」為機構進行的所謂「單軌制」仲裁，而不包括國際上流行的「臨時仲裁」（Ad Hoc Arbitration）。這一狀況和國際實踐有較大差距，近年來國內已開始在承認和引入「臨時仲裁」作出探索，即允許仲裁員和當事人自行安排下進行仲裁。

5、獨立性原則，是指仲裁機構不隸屬於行政機關；仲裁委員會與仲裁庭之間相互獨立，仲裁庭依法獨立對案件進行審理，不受行政機關、社會團體和個人的干涉。

## 四、仲裁協議

當事人進行仲裁，必須以仲裁協議的存在和有效為前提。仲裁協議可以是當事人合同中的仲裁條款，或在糾紛發生前後以書面達成的單獨的仲裁協議。仲裁協議必須包括當事人請求仲裁的意思表示、進行仲裁的事項以及選定的仲裁委員會。仲裁協議如果超出法律規定的仲裁範圍（如《仲裁法》規定，婚姻、收養、監護、扶養、繼承等有關人身關係的糾紛不適用仲裁）或是一方採取脅迫手段，迫使對方訂立，則屬無效。當事人對仲裁協議的效力有爭議的，可以請求仲裁委員會作出決定或者請求人民法院在仲裁庭首次開庭前作出裁定。

## 五、仲裁的受理

當事人申請仲裁，應當向仲裁委員會遞交仲裁協議和仲裁申請書。當事人申請符合法律規定的條件，仲裁委員會應當受理，並通知當事人；認為不符合受理條件的，應當書面通知當事人不予受理，並說明理由。仲裁委員會受理仲裁申請後，應當在規定的期限內將仲裁委員會的規則和仲裁員名冊送達當事人，被申請人收到仲裁申請書副本後，應當在仲裁規則規定的期限內向仲裁委員會提交答辯書。被申請人未提交答辯書的，

不影響仲裁程序的進行。當事人可以委託律師和其他代理人進行仲裁活動。

　　仲裁委員會受理仲裁申請後，並不直接仲裁案件，而是組成仲裁庭行使仲裁權。當事人可從仲裁員名冊中選任仲裁員以組成仲裁庭。當事人約定由三名仲裁員組成仲裁庭的，應當各自選定一名仲裁員，第三名仲裁員由當事人共同選定的仲裁員，或者委託仲裁委員會主任指定。第三名仲裁員是首席仲裁員。當事人也可以共同選任一名獨任仲裁員組成仲裁庭。當事人沒有在仲裁規則規定的期限內確定仲裁庭的組成方式或者選定仲裁員的，由仲裁委員會主任指定。

## 六、仲裁員

　　《仲裁法》對仲裁員的資質作出了規定，包括必須從事仲裁工作、律師工作、法官工作滿 8 年，從事法律研究、教學工作並具有高級職稱，或具有法律知識、從事經濟貿易等專業工作並具有高級職稱或具有同等專業水平等法定條件。仲裁委員會根據不同專業設置仲裁員名冊，便於當事人挑選仲裁員。法律要求仲裁員公道正派，獨立公正地依法履行職責。

　　《仲裁法》規定了迴避制度。仲裁員如果是本案當事人或代理人的近親屬，與本案有利害關係，與本案當事人或代理人有其他關係，可能影響公正仲裁，或私自會見當事人、代理人，或者接受其請客送禮，則必須迴避。當事人也可提出迴避申請，並說明理由。仲裁員是否迴避，由仲裁委員會主任決定。

# 七、仲裁的程序

　　仲裁庭可根據當事人協議，公開或不公開進行仲裁審理。當事人應當對自己的主張提供證據。仲裁庭認為有必要收集的證據，可以自行收集。仲裁庭對專門性問題認為需要鑒定的，可進行鑒定。證據應當在開庭時出示，當事人可以相互質證，並在仲裁過程中有權進行辯論。辯論終結時，仲裁員應當徵詢當事人的最後意見。

　　當事人申請仲裁後，仍然可以自行和解。達成和解協議的，可以請求仲裁庭根據和解協議作出裁決書，也可以撤回仲裁申請。當事人達成和解協議後反悔的，仍然可以根據仲裁協議申請仲裁。仲裁庭在作出裁決前，也可先進行調解。調解不成的，仲裁庭應及時作出裁決。調解達成協議的，仲裁庭應當製作調解書或者根據協議的結果製作裁決書。調解書與裁決書具有同等法律效力。裁決應當按照多數仲裁員的意見作出。當事人應當履行裁決或和解協議。一方當事人不履行的，另一方當事人可以依照民事訴訟法的有關規定向人民法院申請執行。

# 八、仲裁的司法監督

　　仲裁不同於也不附屬於法院審判。但法院作為國家的審判機關可依法對仲裁活動行使監督權。當事人提出證據，證明裁決有下列情形之一的，可以向仲裁委員會所在地的中級人民法院申請撤銷裁決，包括沒有仲裁協議進行仲裁，裁決的事項不屬於仲裁協議的範圍或者仲裁委員會無權仲裁，仲裁庭的組成或者仲裁

的程序違反法定程序，裁決所根據的證據是偽造的，對方當事人隱瞞了足以影響公正裁決的證據，仲裁員在仲裁該案時有索賄受賄、徇私舞弊、枉法裁決行為等情況。人民法院經組成合議庭審查核實後，或認為裁決違反社會公共利益的，應當裁定撤銷。

## 九、仲裁委員會

根據《仲裁法》，仲裁委員會可以在直轄市和省、自治區人民政府所在地的市設立，也可以根據需要在其他設區的市設立。另外，作為仲裁人員自律性組織的中國仲裁協會根據章程對仲裁委員會及其組成人員、仲裁員的違紀行為進行監督。各地仲裁委員會則是中國仲裁協會的會員。然而，基於中國的具體國情，仲裁機構的「去行政化」仍是一個挑戰。一些政府機構的涉入、對於仲裁人員和財務的控制都不免影響到仲裁客觀獨立、公平公正的形象。

在改革開放的過程中，中國仲裁長期分為國內仲裁和「涉外仲裁」，即對涉及外國企業和人員的國際經貿、投資等糾紛的仲裁採用不同的仲裁機構和法規。隨着中國市場經濟的發展，這種「雙軌制」的做法已變得不合時宜。近年來，最高人民法院和主要仲裁機構都在採取措施，對「涉外仲裁」制度進行改革，允許當事人享有更多的自由度和統一標準，公平競爭的環境。

為改革完善中國的仲裁制度，人大常委會已着手對《仲裁法》進行大幅度修改，以應對國內外新的經濟格局與競爭環境。從2021年7月司法部向社會公佈的《仲裁法（修訂）（徵求意見稿）》看，《仲裁法》修訂將進一步突出了仲裁的民間性、意思自治、效

率性等特點，特別是擴大仲裁的適用範圍，對仲裁協議效力標準更為寬鬆，擴大仲裁庭的權限和承認臨時仲裁制度等。

# 第三節　民事訴訟法

## 一、民事訴訟法的作用

在民事和商事活動中，當事人如果發生糾紛，無法通過協商、調解或仲裁等方式化解，就要通過人民法院司法程序進行解決，這就是所謂的民事訴訟。在解決當事人糾紛時，除了要根據《公司法》《合同法》等實體法律來判斷當事人間的是非曲直外，還必須適用《民事訴訟法》規定的原則、制度和程序，以保證訴訟程序的公平、公正和法庭審理的秩序。《民事訴訟法》是國家的基本法律，是規範民事訴訟程序的基本規則，任務就是保護當事人行使訴訟權利，保證人民法院查明事實，分清是非，正確適用法律，及時審理民事案件，保護當事人的合法權益；同時，教育公民自覺遵守法律，維護國家的社會秩序和經濟秩序。

## 二、民事訴訟的基本原則

人民法院在審理民事案件中首先要遵循《憲法》規定的一系列原則，包括案件審判權由人民法院行使，人民法院依法對案件獨立審判，公開審判，對有少數民族當事人的案件應以少數民族語言文字進行訴訟等。在此基礎上，《民事訴訟法》還規定了民事訴訟中應堅持的一些基本原則，它們在審理解決民事案件整個

過程中起着重要作用，具有普遍指導意義。民事訴訟的基本原則包括：

1、當事人訴訟權利平等原則，即民事訴訟當事人有平等的訴訟權利，雙方當事人的訴訟地位和權利完全平等，而不因原被告身份而有優劣和高低之別；人民法院應平等地保障雙方當事人行使訴訟權利，不偏袒或歧視任何一方，對當事人在適用法律上也一律平等。

2、同等原則和對等原則，即外國人、外國企業和組織在人民法院起訴或應訴，同中國公民、法人和其他組織享有同等的訴訟權利義務，享有同樣的待遇，既不優待，也不歧視。同時，法律規定，如果外國法院對中國公民、法人和其他組織的民事訴訟權利加以限制，則中國人民法院對該國公民、企業和組織的民事訴訟權利，實行對等原則；這既是為了維護國家主權，也是保護中國公民、法人和其他組織合法權益的需要。

3、以事實為根據，以法律為準繩原則，即人民法院審理案件必須以證據證明的客觀事實作為辦案的科學依據，而不能憑主觀想像或推測；以法律為準繩，就是在查明案件事實的前提下，以國家有關法律規定為唯一評判標準，對案件作出正確裁決。

4、法院調解自願和合法的原則。這一原則是中國通過調解化解民間糾紛的文化傳統和經驗在司法領域的傳承和延伸。法律規定，人民法院審理民事案件，應當根據自願和合法的原則進行調解。人民法院受理民事案件後，應當重視調解解決，對當事人多做思想教育工作，促使雙方當事人互相諒解，達成協議，徹底解決糾紛。但法院調解應依法在自願和合法的前提下進行，不能因為強調調解而違背自願和合法的精神。另外，除離婚等案件，調

解一般不是訴訟的必經程序，對於那些不能調解或不具備調解條件的案件，人民法院應當及時判決結案。

5、辯論原則，是指在人民法院主持下，當事人有權就案件事實和爭議問題，在案件審理的全過程陳述自己的主張和根據，互相進行反駁和答辯，揭示案件真相和提出自己的法律理據，維護自己的合法權益，只有通過辯論核實的事實才能作為人民法院判決的根據。

6、處分原則，即民事訴訟當事人有權在法律規定的範圍內，自行決定如何行使自己的民事權利和訴訟權利，包括對實體權利和程序權利的行使和放棄，前者如承認糾紛的事實和確定請求賠償的金額；後者則可包括訴訟過程中的起訴、反訴和撤訴，接受調解和和解，提出或放棄上訴等。需要注意的是，當事人的處分權不是絕對的。當事人行使處分權不得違反國家法規，不得損害國家、社會和他人的利益，否則，人民法院將實行干預。

7、檢察監督原則。法律規定，人民檢察院有權對民事審判活動進行監督，特別是監督審判人員貪贓枉法、徇私舞弊等違法行為和對人民法院作出的生效裁判是否正確合法進行監督。如果認為確有問題和錯誤，應當對人民法院的裁決提出抗訴，人民法院必須對案件進行再審。

8、支持起訴原則，即機關、社會團體、企事業單位對損害國家或他人民事權益的行為，在受害人不能、不敢或者不便訴諸法院時，可以支持受害人向人民法院起訴；如婦聯支持受害婦女、環保組織支持污染受害居民提起維權訴訟。這一原則有利於調動社會力量與違法行為做鬥爭，維護社會公平正義。對於受害人是否起訴，則應遵循自願的原則，任何單位和個人不可包辦或強迫。

9、巡迴審理，就地辦案原則，即人民法院通過派出法庭，在自己轄區內根據案件發生地、當事人所在地等因素選擇開庭地點，巡迴審理民事案件。這一原則旨在節省時間和費用，便於法院深入群眾了解情況，蒐集證據，及時地正確地處理案件。2019年以後，為及時公正審理跨省市案件，就地解決糾紛、方便當事人訴訟，最高人民法院創新設立了六個巡迴法庭，分設於深圳市、瀋陽市、重慶市、西安市、南京市和鄭州市。周邊省市需要上訴到最高人民法院的案件可以不用到北京，而就近解決。這些巡迴法庭，相當於最高人民法院的派出機構，所作出的判決效力等同於最高人民法院的判決。

## 三、民事訴訟的管轄制度

民事訴訟是由當事人起訴開始的，所以首先要確定到哪裏和哪一級人民法院去起訴。《民事訴訟法》規定了級別管轄和地域管轄的制度。前者是根據案件性質、重大複雜和影響程度、爭議數額等因素確定具體案件應由基層、中級、高級及至最高人民法院審理的級別；後者則是根據案件事實、當事人所在地等因素確定某一地方法院審理案件。《民事訴訟法》確定了「原告就被告」原則，即民事訴訟一般情況下由被告住所地人民法院管轄。但實踐中，常有比較複雜的情況，所以法律作出了一些具有選擇靈活性的規定。例如，因合同糾紛訴訟，可由被告住所地或者合同履行地人民法院管轄；合同的雙方當事人也可以在書面合同中協議選擇被告住所地、合同履行地、合同簽訂地、原告住所地、標的物所在地等地的人民法院管轄。又如因侵權行為提起的訴訟，可由侵權

行為地或者被告住所地人民法院管轄。但有些案件，為方便取證調查和裁決執行，法律對有管轄權的法院作出規定，不允許當事人選擇，即法律上所說的專屬管轄，包括因不動產糾紛提起的訴訟，由不動產所在地人民法院管轄；因港口作業中發生糾紛提起的訴訟，由港口所在地人民法院管轄；和因繼承遺產糾紛提起的訴訟，由被繼承人死亡時住所地或者主要遺產所在地人民法院管轄。

對管轄權的行使，法律也規定了一些靈活的安排。如有管轄權的人民法院由於特殊原因（如發生自然災害），不能行使管轄權的，或是兩個人民法院之間因管轄權發生爭議，可由上級人民法院指定法院管轄審理案件。確有必要時，上級人民法院可以審理下級人民法院管轄的第一審民事案件，亦可將自己管轄的第一審民事案件交由下級人民法院審理。下級人民法院所管轄的民事案件，必要時也可以報請上級人民法院審理。

## 四、民事訴訟中的審判庭和人民陪審員制度

人民法院受理案件後，就要建立相應的審判組織。審判合議制，是人民法院審理案件的基本組織形式。人民法院審理案件，除例外情況外，均應組成合議庭進行審理。合議庭的成員人數必須是單數，實行少數服從多數的原則。對於民事案件，第一審和第二審合議庭的差別在於，第一審案件的合議庭可依法由法官和人民陪審員組成；而第二審案件的合議庭則完全由法官組成。合議制的作用是防止審判人員獨斷專行，徇私舞弊，同時有利於發揮集體智慧，提高辦案質量。作為對合議組織的例外，法律規定，在審理事實清楚、權利義務關係明確、爭議不大的簡單民事

案件時，可以適用簡易程序，由法官一人實行獨任制審理。

　　人民陪審員是一項具有中國特色的制度，不同於其他國家的陪審制度。人民陪審員是從社區中隨機抽取選任，其基本條件是擁護國家憲法，年滿二十八週歲，品行良好、公道正派，具有正常履職的身體條件，以及具有高中以上文化程度。人民陪審員依法參加合議庭的審判活動，獨立發表意見，除法律另有規定，同合議庭其他法官享有同等權利。為保障人民陪審員依法履職，加強司法民主和司法公開，提高司法公信力，國家於 2018 年制定了《人民陪審員法》，對人民陪審員制度作了系統性的規定。

## 五、民事訴訟中的迴避和調解制度

　　為保證司法審理的公正，《民事訴訟法》設立了迴避制度。如果審理法官是本案當事人或當事人及訴訟代理人近親屬、本人與本案有利害關係，或與本案當事人及訴訟代理人有其他關係，可能影響對案件的公正審理，應當自行迴避。當事人也有權要求他們迴避。這些規定也適用於案件中的書記員、翻譯人員、鑒定人、勘驗人。如果審判人員接受當事人或訴訟代理人請客送禮，或者違反規定會見當事人或訴訟代理人，除當事人有權要求他們迴避外，法律亦會追究他們的責任。

　　在人民法院審理民事糾紛時，可在查清事實、分清是非的基礎上，進行調解。人民法院的調解可以由法官一人主持，也可以由合議庭主持，並儘可能就地進行，可以用簡便方式通知當事人、證人到庭，還可以邀請有關單位和個人進行協助。調解必須雙方自願，不得強迫。調解達成協議，人民法院應當製作調解

書。調解書經雙方當事人簽收後，即具有法律效力。但對於調解和好的離婚案件，調解維持收養關係的案件等案件也可以不製作調解書，而以人民法院審理筆錄代之，由雙方當事人和審判人員簽名蓋章後，同樣具有法律效力。調解未達成協議或者調解書送達前一方反悔的，人民法院應當及時判決。

## 六、民事訴訟中的強制措施

人民法院在對糾紛作出判決之前，可以根據當事人申請採取一些強制性的緊急措施，例如一方當事人正在轉移、隱匿、銷毀財產時，採取的扣押、查封、凍結等保全措施，防止日後判決難以執行，或者造成當事人難以彌補的損害。如果當事人之間權利義務關係明確，當事人一方有急需，不及時得到支付將嚴重影響其生活或者生產經營的，人民法院可以根據當事人申請，在對案件作出裁判前，裁定先予執行，即立即執行一方當事人給付另一方某些款項或物品，或者停止或實施某些行為。先予執行一般適用老人、婦女、兒童及勞工等弱勢群體追索贍養費、扶養費、撫育費、撫恤金、勞動報酬等案件。

## 七、民事訴訟中的費用制度

進行民事訴訟，當事人應當按照規定交納一定費用，包括案件受理費，要求人民法院採取強制措施所應交納的申請費，案中證人、鑒定人、翻譯人員的相關費用，和訴訟過程中的鑒定、公告、勘驗、評估、執行費用等。收取訴訟費用的具體辦法由最高

人民法院制定。當事人交納訴訟費用確有困難的，特別是無固定生活來源的殘疾人，追索贍養費、扶養費、撫育費、撫恤金的當事人，生活困難的保障救濟對象以及因見義勇為或者為保護社會公共利益致使自身合法權益受到損害的人請求賠償等，可以按照規定向人民法院申請緩交、減交或者免交訴訟費。

## 八、民事訴訟中的立案

　　人民法院收到起訴後，應進行審查，對符合法律規定條件的立案審理。起訴是原告的訴訟行為，是受理的前提；而受理是法院的司法行為，標誌着一個訴訟程序的開始。實踐中，並非所有起訴都可被法院所受理。對符合法律規定的起訴，人民法院必須受理。對不能受理的起訴，則應根據不同情況進行處理，如屬於行政訴訟的糾紛，告知原告提起行政訴訟；雙方當事人達成書面用仲裁解決爭議的，應告知原告向仲裁機構申請仲裁；對不屬於申請法院管轄的案件，告知原告向有管轄權的人民法院起訴；依照法規，在一定期限內不得起訴的案件，在受限制期限內起訴的，不予受理。譬如，法律明文規定，判決不准離婚和調解和好的離婚案件，沒有新情況或新理由，當事人在六個月內又起訴的，人民法院不予受理。

　　對符合起訴條件的，人民法院應當在七日內立案，並向原告和被告及必須共同進行訴訟的當事人分別發出受理通知書和應訴通知書，告知其有關的訴訟權利義務。被告應當在收到之日起十五日內提出答辯狀；被告不提出答辯狀的，不影響人民法院審理。人民法院合議庭建立後，應當在三日內告知當事人。立案

後，審判人員必須認真審核訴訟材料，調查收集必要的證據。需要開庭審理的，應通過要求當事人交換證據等方式，明確爭議焦點，為案件審理做好準備。

## 九、民事訴訟的審理

人民法院審理民事案件，除涉及國家祕密、個人隱私或者法律另有規定之外，都應當公開進行。離婚案件，涉及商業祕密的案件，當事人申請不公開審理的，可以不公開審理。人民法院審理民事案件，應在開庭三日前通知當事人和其他訴訟參與人。公開審理的，還應當公告當事人姓名、案由和開庭的時間、地點。

開庭審理時，書記員應首先查明當事人和其他訴訟參與人是否到庭，宣佈法庭紀律；然後由審判長或者獨任法官核對當事人，宣佈案由，宣佈審判人員、書記員名單，告知當事人有關的訴訟權利義務。法庭審理隨即進入法庭調查階段，包括當事人陳述，證人作證，出示書證、物證、視聽資料和電子數據，宣讀鑒定意見和勘驗筆錄等證據等。當事人在法庭上可以提出新的證據，也可以經法庭許可，向證人、鑒定人、勘驗人發問，進行質證。

法庭調查之後是法庭辯論階段，由原告、被告、涉案第三人及其訴訟代理人依次發言或答辯，並可互相辯論。法庭辯論終結時，審判庭按照原告、被告、第三人的先後順序徵詢各方的最後意見。判決前能夠調解的，審判庭還可以進行調解；調解不成的，應當及時判決。原告增加訴訟請求，被告提出反訴，第三人提出與本案有關的訴訟請求，可以合併審理。

法庭審理結束後，人民法院可以當庭宣判，也可以定期宣判；但無論審理是否公開進行，宣告判決一律公開進行。當庭宣判的，應當在十日內發送判決書；定期宣判的，宣判後立即發給判決書。宣告判決時，人民法院必須同時告知當事人上訴權利、上訴期限和上訴的法院。人民法院適用普通程序審理的案件，應當在立案之日起六個月內審結；適用簡易程序審理的案件，應當在立案之日起三個月內審結。有特殊情況，經本院院長或上級人民法院批准，可以延長。

人民法院審理案件的法律文書一般有判決和裁定。判決書應當寫明爭議請求、認定的事實、判決結果和作出該判決適用的法律和理由。而裁定一般用於處理程序性的問題，如對案件申請不予受理，對管轄權異議作出決定，決定財產保全和先予執行，准許或者不准許撤訴等。公眾可以查閱發生法律效力的判決書、裁定書，但涉及國家祕密、商業祕密和個人隱私的內容除外。

## 十、民事訴訟的上訴

根據《民事訴訟法》，中國民事訴訟一般實行兩審終審制，即指一個案件經過兩級法院審判後，案件即告結束；換言之，當事人如不服第一審人民法院的裁決，只能上訴一次。這一制度的目的是方便當事人參加訴訟，防止案件久拖不決而影響司法效率；同時也便於上級人民法院對下級人民法院的審判工作進行監督，利於及時糾正錯誤的裁判，維護國家法制的權威和統一。當然，如雙方當事人都服從第一審人民法院的裁決，不提出上訴，則案件可以只經過一級法院審理即告終結。

第二審程序是從當事人不服第一審人民法院判決，提起上訴開始的。法律規定，當事人有權在判決書送達之日起十五日內向上一級人民法院提起上；當事人不服第一審人民法院裁定的，有權在裁定書送達之日起十日內向上一級人民法院提起上訴。第二審人民法院應當對上訴請求的有關事實和適用法律進行審查，對上訴案件應當開庭審理。但經過閱卷、調查和詢問當事人，對沒有提出新的事實、證據或者理由，也可以不開庭審理。第二審人民法院對上訴案件，經過審理，按照下列情形，分別處理：

（1）原判決、裁定認定事實清楚，適用法律正確的，以判決、裁定方式駁回上訴，維持原判決、裁定。

（2）原判決、裁定認定事實錯誤或者適用法律錯誤的，以判決、裁定方式依法改判、撤銷或者變更。

（3）原判決認定基本事實不清的，裁定撤銷原判決，發回原審人民法院重審，或者查清事實後改判。

（4）原判決遺漏當事人或者違法缺席判決等嚴重違反法定程序的，裁定撤銷原判決，發回原審人民法院重審。

在上訴案件中，人民法院仍然可以進行調解。如果當事人在上訴審理中達成調解協議並生效，原審人民法院的判決即視為撤銷。第二審人民法院審理上訴案件的程序和第一審程序基本相同；一般情況下，應在三個月內審結。

## 十一、民事訴訟中的再審制度

中國法院實行「兩審終審」制，但為防止和糾正冤假錯案，建立了一個具有中國特色的審判監督程序，即在人民法院的判決

已經終審生效後，如發現確有錯誤，仍可進行再審。法律規定可以提起再審的理由包括：有新的證據，足以推翻原裁決的；原裁決認定的基本事實缺乏證據證明的；原裁決認定事實的主要證據是偽造的；原裁決認定事實的主要證據是未經質證的；對審理案件需要的主要證據，當事人因客觀原因不能自行收集，書面申請人民法院調查收集，人民法院未調查收集的；原裁決適用法律確有錯誤的；審判庭的組成不合法或者依法應當迴避的審判人員沒有迴避的；當事人因不能歸責於本人或者其訴訟代理人的理由，沒有依法參加訴訟的；違反法律規定，剝奪當事人辯論權利的；未經傳票傳喚，缺席判決的；原判決、裁定遺漏或者超出訴訟請求的；以及審判人員審理該案件時有貪污受賄、徇私舞弊、枉法裁判行為等。

要求提起再審的可以是案件的當事人、各級人民法院的院長、最高人民法院以及各級人民檢察院和最高人民檢察院。但當事人申請再審應當在判決或裁定發生法律效力後六個月內提出，或是在法律規定的情形下，自知道或者應當知道之日起六個月內提出。當事人的申請並不必然導致再審，而是要經過人民法院的審查，認定確有錯誤後才能啟動再審。司法機關提起再審則不受六個月的時間限制。基於國家審判監督機構的地位，人民檢察院提出抗訴的，人民法院必須再審。因當事人申請的案件再審，由中級人民法院以上的人民法院審理；但當事人亦可依法選擇向基層人民法院申請再審。其他再審案件，可由上一級人民法院審理，也可以交原審人民法院再審。人民法院審理再審案件，應當另行組成合議庭。但法律明確規定，當事人對已經發生法律效力的解除婚姻關係的判決、調解書，不得申請再審。

## 十二、民事訴訟中的執行制度

　　當事人應認真履行司法判決中判定的義務，如不履行，人民法院可以強制執行。法律規定，被執行人未規定履行法律文書確定的義務，應當報告當前以及近一年的財產情況。被執行人拒絕報告或者虛假報告的，人民法院可以根據情節輕重對被執行人或者其法定代理人、有關單位的主要負責人或者直接責任人員予以罰款、拘留。在執行過程中，人民法院有權向有關單位查詢被執行人的資產情況，根據不同情形，採取扣押、凍結、劃撥、變賣等措施。針對一些當事人惡意逃避法律責任，不履行判決的情況，最高人民法院制定了《關於公佈失信被執行人名單信息的若干規定》，對這些人（民間俗稱「老賴」）的信息予以公佈，並採取一系列懲戒措施，包括限制其消費及禁止購買房地產、租賃經營場所等活動。

## 十三、對涉外民事訴訟程序的特別規定

　　作為一般原則，外國企業、組織和個人在中國進行民事訴訟，也應遵從《民事訴訟法》的規定。但中國參加的國際條約有不同規定的，優先適用國際條約的規定，如對享有外交特權與豁免的外國人、外國組織或者國際組織提起的民事訴訟，應當依照中國參加的國際條約的規定辦理。人民法院審理涉外民事案件使用中國通用的語言和文字。當事人要求提供翻譯的，可以提供，但費用由當事人承擔。外國人、外國企業和組織在人民法院進行訴訟，需要委託律師代理訴訟的，必須委託中國的律師。

《民事訴訟法》還對人民法院對涉外民商事案件的管轄權作出了規定，其中一部分屬於專屬管轄，即只能由中國人民法院進行審理，包括因在中國不動產提起的訴訟，由不動產所在地人民法院管轄；就中國港口作業中發生的訴訟，由港口所在地人民法院管轄；外商在中國設立投資企業的合資糾紛和中外合作勘探開發自然資源合同發生糾紛引發的訴訟，也應由當地中國人民法院管轄等。對其他的民事糾紛，法律允許當事人在規定的條件下進行選擇，如因合同糾紛或者其他財產權益糾紛，對在中國沒有住所的外國人提起訴訟，可以由合同簽訂地、合同履行地、訴訟標的物所在地、可供扣押財產所在地、侵權行為地或者代表機構住所地人民法院進行管轄。

為營造市場化、法治化、國際化營商環境，公正、高效、便捷地解決民商事糾紛，平等保護中外當事人合法權益，借鑒國外經驗和國際規則，使中國民事訴訟體制進一步規範化和現代化，國家於 2023 年 9 月對《民事訴訟法》進行了再次修改，修改的主要內容包括擴大迴避適用範圍、明確司法技術人員參與訴訟的規則、完善虛假訴訟認定規則，以及完善涉外管轄規則，完善承認與執行外國法院判決的規則等。

# 第九章

## 當代中國的
## 國際法實踐

國際法，是關於國家之間及其與國際組織間關係的法律規則。在實踐中，國際法又可有狹義和廣義的含義。狹義的國際法僅是指國際公法，是適用於國家和政府及國際組織間的法律原則和規範；而廣義的國際法，除國際公法外，還可包括國際私法，即適用於不同國家企業和個人之間民商事關係的法律規範，和國際經濟法，即適用於國家、國際組織及其與企業個人之間經濟貿易關係的法律規則和制度。近年來，國家推動對涉外法律人才的培養，就是從廣義的角度定義培養的範圍。

# 第一節　中國在國際公法的主要實踐

## 一、主權平等

世界上現有近 200 個主權國家，大小不同，制度各異。主權平等和條約必須遵守是各國交往中最根本的原則。中國作為國際社會的重要成員，堅持獨立自主的和平外交政策，不僅尊重和踐行公認的國際法和國際關係基本準則，而且為當代國際法的發展做出了自己的貢獻。例如，中國倡導和堅持的互相尊重主權和領

土完整、互不侵犯、互不干涉內政、平等互利、和平共處的「五項原則」，不僅寫入了國家《憲法》，也得到了國際上的普遍認同。

## 二、信守條約

中國恪守信守條約的國際法原則。在國家立法中確立了適用和執行國際條約優於國內立法的原則。如《民法典》明確規定，「中華人民共和國締結或者參加的國際條約同中華人民共和國的民事法律有不同規定的，適用國際條約的規定，但中華人民共和國聲明保留的條款除外。中華人民共和國法律和中華人民共和國締結或者參加的國際條約沒有規定的，可以適用國際慣例。」國家制定了《締結條約程序法》，規定了與憲法相銜接的條約批准程序。截至 2020 年，中國累計締結國際條約超過 27000 項，其中包括約 500 件多邊國際條約。1990 年後在國家快速發展的進程中，越來越多的雙邊國際條約逐漸集中於政治、軍事、經貿、司法協助以及反恐和打擊犯罪等方面。

## 三、全球治理

中國積極通過各類國際組織參與全球治理，在和平共處五項原則基礎上，在新的歷史時期提出推動構建人類命運共同體的倡議，為國際法的發展貢獻「中國智慧」。中國是聯合國安全理事會五個常任理事國之一，在聯合國多個專門機構中曾出任領導人，包括（聯合國工業發展組織〔UNIDO〕、國際電信聯盟〔ITU〕、國際民航組織〔ICAO〕、聯合國糧農組織〔FAO〕）以及

國際衛生組織。中國法官在聯合國上訴法庭、國際法院、國際刑事法院、國際海洋法法庭等機構中都有擔任重要職務。中國已成為聯合國維和待命部隊中數量最多、分隊種類最齊全的國家。中國發起創建的上海經濟合作組織和「一帶一路」倡議等日益成為中國推動多邊主義和「人類命運共同體」的制度平台。

## 四、以「一國兩制」解決歷史遺留問題

為完成國家的統一，國家首先為和平解決台灣問題提出了「一個國家，兩種制度」的構想，隨後將「一國兩制」應用於香港和澳門的回歸，中國分別同英國和葡萄牙政府通過談判達成《聯合聲明》，使港澳問題得到和平解決。並通過制定香港和澳門《特別行政區基本法》，從制度上保障香港澳門的長期繁榮穩定。香港澳門回歸和平穩過渡的實踐已成為國際法上和平解決國家間爭端和歷史遺留問題的範例。

## 五、國際法的新領域

傳統的國際公法集中關心國家領土、條約訂立、戰爭與和平等問題。在長期發展過程中已形成了許多分支學科，包括如國際條約法、國際組織法、國際人權法、國際海洋法、國際刑法、外交與領事關係法、國際航空和外層空間法、國際戰爭法等。隨着世界多極化、經濟全球化、社會信息化、文化多樣化的發展，國際法不斷拓展出新的領域。氣候變化、跨國犯罪、網絡安全、恐怖主義、傳染性疾病、極地、深海、太空的探索、消除貧困、生

物多樣性等都成為國際法應對和規範的新課題。中國積極參與了這些新領域法律框架的構建並發揮了建設性的作用，包括中國已經加入的《氣候變化框架公約》及《京都議定書》《巴黎協定》《聯合國反腐敗公約》《制止恐怖主義爆炸的公約》《制止向恐怖主義提供資助的國際公約》和《生物多樣性公約》等。

## 六、中國對邊界問題的立場

中國幅員遼闊，陸地疆界全長約 2.2 萬公里，有近 300 萬平方公里的海域與 3.2 萬公里長的海岸線，500 平方米以上的海島 5000 多個。與中國接壤和毗鄰的國家有近 20 個，其中一些國家和中國的邊界問題仍未完全解決，中國和印度、中國和日本、中國和越南、中國和菲律賓等國的邊界糾紛仍不時成為熱點關注。中國除堅持自己的固有領土主張外，一直主張和呼籲各國保持高度克制，堅持以和平方式，最終通過談判解決領土爭議。

## 七、人權

人權問題在國際上已成為重要的關注議題。中國《憲法》明確規定，「國家尊重和保障人權」。迄今為止，中國加入了近三十個國際人權保護的公約，還於 1998 年簽署了聯合國《公民權利和政治權利國際公約》（「人權公約」），反映了國家對促進和保護人權的重視。2009 年以來，中國已連續發佈了四個為期五年的《國家人權行動計劃》；同時與一些國家和國際組織開展了人權對話，推進人權保護的發展。雖然中國政府認為，中國的人權事業

正不斷取得新的進展。但由於發展不充分和發展不平衡，中國的人權狀況還存在着一些不如人意的地方；同時中國一直堅持與西方不同的人權理念和標準，認為生存權和發展權是首要的基本人權，人權的普遍性原則應同中國實際相結合，推進適合中國國情的人權發展。

# 第二節　中國國際私法的主要制度和規定

## 一、國際私法的概念和發展

　　國際私法又稱衝突法，是一個國家或地區處理涉及外國企業、組織和個人民商事法律關係的法律規範。因為世界上存在着不同的法律制度和文化，在不同國家和地區的企業、組織和個人進行民商事活動中，就不可避免出現規則差異。常見的情況包括跨國婚姻、離婚、遺囑、合同、破產、財產轉移時所產生的法律衝突。在處理具有涉外因素的案件時，國際私法規則可以通過一定法律規則和慣例來解決不同國家地區間的民商事法律衝突，既為當事人提供重要的法律指引，也為法院在審理這類跨境糾紛時找到最適合的法規，也即法律術語中所稱的準據法。

　　改革開放以來，國際私法作為一個法律學科取得了蓬勃的發展。國家對外開放，市場經濟發展和人員的密切交往為國際私法提供了新的課題和實踐空間。1987 年中國正式成為國際上最有影響力的海牙國際私法會議成員國，並參加了一系列國際私法方面的國際條約。還制定了自己的《涉外民事關係法律適用法》，確

立了中國國際私法的基本原則，最高人民法院亦為有效解決不同國家和法域間的法律衝突出台了許多司法解釋和提供了指導性判例。另外，在應對香港、澳門和台灣地區與內地民商事法律差異和衝突的過程中，根據國際私法原則以及「一國兩制」方針，區際衝突法已成為這個學科一個重要的分支。

## 二、涉外民事關係法律適用法

### 1、《涉外民事關係法律適用法》

根據《涉外民事關係法律適用法》，在處理涉外民商事關係時，首先應考慮中國法律和強制性規定以及國際條約的規則，同時尊重當事人依法對適用法律的自治選擇；在沒有這些規定或約定的情況下，中國對涉外民商事關係將適用與該涉外民事關係有最密切聯繫的法律。這就是說，在不損害國家社會公共利益的前提下，中國並不排除外國法的適用。

外國人在中國進行民商事活動，其權利能力和行為能力要根據其適用經常居所地的法律來判斷。如中國男子結婚的法定年齡是 22 歲，而印度的法定婚齡是 20 歲。因此，達到 20 歲的印度公民在中國結婚應被允許和承認。同樣，公司法人的民事權利能力和行為能力，應根據其登記地的法律來判斷。如台灣地區公司法規定，股份有限公司董事長對外代表公司；而中國大陸公司法則允許公司按照章程，在董事長、執行董事或者經理中選任公司代表人。法律允許當事人在設定一定法律關係時有自己的法律選擇權，例如設立信託、進行仲裁等。

對於婚姻家庭關係，《涉外民事關係法律適用法》規定，結婚

條件，適用當事人共同經常居所地的法律；沒有共同經常居所地的，適用共同國籍國的法律；沒有共同國籍，在一方當事人經常居所地或者國籍國締結婚姻的，適用婚姻締結地的法律。結婚手續，符合婚姻締結地法律、一方當事人經常居所地法律或者國籍國法律的，均為有效。

### 2、涉外民事法律關係中當事人的選擇

夫妻可以協議選擇管理他們財產關係的法律，可以是一方當事人經常居所地的法律、國籍國的法律或者主要財產所在地的法律。當事人沒有選擇的，適用他們共同經常居所地的法律或共同國籍國的法律。協議離婚的，當事人可以協議選擇適用一方當事人經常居所地的法律或者國籍國的法；沒有選擇的，則可適用共同經常居所地的法律，共同國籍國的法律，或是辦理離婚手續機構所在地的法律。但如進行訴訟離婚，就要採用法院地的法律。《涉外民事關係法律適用法》還對父母子女人身及財產關係、收養的條件和手續、扶養、監護和繼承等方面的法律適用做出了規定。

對於財產權的設立和變更，法律規定，不動產物權適用不動產所在地法律。當事人可以協議選擇動產物權所適用的法律；當事人沒有選擇的，適用法律事實發生時動產所在地的法律。有價證券，適用有價證券權利實現地的法律，或者其他與該有價證券有最密切聯繫的法律。知識產權的歸屬和內容，適用被請求保護地法律。

《涉外民事關係法律適用法》根據與當事人的密切聯繫，對各種類型債務關係的法律適用做出了規定，如消費者合同，應適用消費者經常居所地法律；消費者可以選擇適用商品、服務提供地的法律，或者適用商品、服務提供地的法律。勞動合同，適用勞動者工作地的法律；難以確定勞動者工作地的，則適用用人單位

主營業地的法律。通過網絡或者採用其他方式侵害姓名權、肖像權、名譽權、隱私權等人格權的，適用被侵權人經常居所地的法律等。法律也允許當事人對這類法律適用作出一些選擇，例如，一般商業合同中當事人可以協議選擇處理合同糾紛時適用的法律。侵權責任，一般應適用侵權行為地的法律；但侵權行為發生後，當事人協議選擇適用法律的，可以按照其協議。知識產權的侵權責任，適用被請求保護地法律或當事人在侵權行為發生后協議選擇適用的法院地的法律。

法律允許當事人對適用法律進行選擇不是絕對的，也要受到一定限制。例如，當事人在選擇法律時，不能約定排除適用國家規定的強制性規定，包括涉及勞動者權益保護、食品或公共衛生安、環境安全、外匯管制及金融安全、和反壟斷反傾銷等方面的法規。另外，由於涉外民事關係法律適用的主要考慮因素是當事人、法律關係和法律事實與中國或其他國家及地區的密切聯繫程度，所以如果當事人故意製造涉外民事關係的聯繫因素，規避中國法規及強制性規定的，人民法院將認定為這種法律聯繫無效。

### 3、司法協助和跨境司法程序

國際私法的另一個重要領域是跨境司法程序，包括不同國家和地區當事人間的跨境訴訟程序和在中國承認和執行域外的司法裁決。中國已經加入了海牙私法會議制定的《取證公約》《送達公約》及《取消外國公文書認證要求的公約》，並已簽署了《聯合國國家及其財產管轄豁免公約》《選擇法院公約》和《承認與執行外國民商事判決公約》等重要國際公約；此外，中國已和 40 多個國家締結了雙邊司法協助協議，其中 35 個雙邊條約包括民商事判決承認和執行條款，為中國涉外民商事司法協助提供了有效途徑。

近年來，中國在國際條約和雙邊協議的框架下開展了廣泛的國際司法合作的實踐；同時在「一國兩制」的基礎上，內地和香港、澳門兩個特別行政區也訂立了一系列區際民商事司法合作的安排。

中國《民事訴訟法》對國際司法合作的原則是，根據中國締結或者參加的國際條約，或者按照互惠原則，人民法院和外國法院可以相互請求，代為送達文書、調查取證以及進行其他訴訟行為，但不得有損於中國的國家主權、安全或者社會公共利益。請求和提供司法協助，應當依照中國參加的國際條約所規定的途徑進行；沒有條約關係的，通過外交途徑進行。內地和香港及澳門的民商事司法協助依據所達成的安排進行。

外國法院作出的發生法律效力的判決或裁定，需要中國人民法院承認和執行的，可以由當事人直接向中國有管轄權的中級人民法院申請承認和執行，也可以由外國法院依照該國與中國締結或參加的國際條約的規定，或者按照互惠原則，請求人民法院承認和執行。人民法院對申請或者請求承認和執行的外國法院作出的發生法律效力的判決、裁定，依照中國參加的國際條約或者按照互惠原則進行審查後，認為不違反中國法律的基本原則或者國家主權、安全、社會公共利益的，將承認其效力，予以執行。


# 第三節　國際經濟法的主要制度和實踐

## 一、國際經濟法的概念

國際經濟法涵蓋規範國際經濟關係的各種法律規範和原則，包括國家、國際組織、企業和個人之間跨國經濟活動所產生和涉

及的各種經濟關係。較之於國際公法和國際私法，國際經濟法的發展時間較短。其發展的主要動因是全球經濟一體化的迅猛發展需要新的法律框架和不同國家，特別是發展中國家，對公平發展，建立新的國際經濟秩序的強烈要求。在全球化進程中，跨國商業活動日益增多，國家之間的經貿競爭和依存度不斷加強，這使得國際經濟法的地位和作用變得更加重要性。

## 二、中國在世界貿易組織中的實踐和作用

當今國際經濟法最重要的法律框架當屬有 160 多個成員的世界貿易組織（「世貿」）所建立的體系，不僅包括了關稅貿易、進出口程序，反補貼和反傾銷、原產地規則、貿易壁壘等傳統領域，還涵蓋了投資、知識產權、服務貿易以及勞工權益和環保等新的議題。世界貿易組織既建立了其規則體系，還為成員間通過回合談判，不斷發展這一體系創建了平台，更對成員遵守規則，解決爭端提供了法律程序（包括專家組的裁定和對上訴庭的上訴）。因此，世貿也被稱為「經濟聯合國」。

經歷了 15 年漫長的談判，中國於 2001 年正式簽署議定書，加入世貿。為此，中國對國內的經貿體系、法律制度和政府功能進行了大規模的改革，以符合世貿規則的要求。加入世貿的二十多年時間裏，不僅開啟了中國突飛猛進發展的歷史機遇，使中國躍升為世界上第二大經濟體，而且使中國面對更多全面履行世貿規則的挑戰和深化國內體制改革的壓力。一方面，中國認為已全面履行了其入世承諾，並在不斷推進新的改革，實現了「世貿改變中國和中國改變世貿」的雙贏。中國積極參加了世貿多哈回合

談判，作出了自己的貢獻；同時，中國的加入改變了原來美國、歐盟、日本、加拿大四方（QUAD）在世貿組織決策過程中長期的主導地位，使中國在世界經貿治理和規則制定方面有更大的話語權。中國在世貿爭端解決體制中也一直有中國專家成員和上訴機構仲裁員的參與，並越加主動地利用世貿爭端解決體制維護自己的合法權益。

世貿是一個眾多國家參與的博弈組織。各國政治、經濟、社會制度的不同不可避免地導致利益的衝突。近年來，嚴峻的單邊主義和貿易保護主義下的「貿易戰」和「完全市場地位」的爭議，倒逼中國進一步深化外貿和外商投資體制改革，加快對標國際規則，推進市場開放，進一步優化國內營商環境，發展國際競爭優勢的步伐。近年來，除提升開放水平，在全國實行外商投資負面清單管理模式等國內改革措施外，中國已與其貿易國家和地區夥伴簽訂了 17 個自由貿易區協定（包括與香港和澳門簽訂的《更緊密經貿關係安排》），還有十個以上正在談判過程之中。中國更於 2015 年正式提出了「一帶一路」倡議，2020 年正式簽署《區域全面經濟夥伴關係協議》（RCEP），2022 年正式申請加入《全面與進步跨太平洋夥伴關係協議》（CPTPP），都反映出國家利用世貿下的自由貿易區制度，發展和加入高水平國際合作平台，適應國際競爭新形勢、提升中國經濟國際競爭力的努力。

# 三、經貿活動中的可持續發展

自 2016 年《巴黎協定》以來，實現可持續發展已成為國際金融市場和跨國公司運作中的重點關注，也成為全球公共和私營部

門議程上的核心內容。中國是《G20/OECD 公司治理原則》的倡導國和支持國之一，並已加入 OECD 公司治理委員會。近年來，國家進一步推動 ESG（環境、社會、公司治理）標準和實踐的發展，落實對已加入國際公約的承諾。

## 四、「一帶一路」和雙邊經貿關係的發展

在「一帶一路」國家戰略推進過程中，越來越多的中國企業「走出去」，開展大量的海外併購和各類投資，自 2015 年開始，中國對外投資超過了同期中國實際使用外資的規模，從吸引外商投資形成的資本流入正式轉變成為資本淨輸出國。面對這一歷史性轉變，為中國企業海外投資發展保駕護航，提供更好的法律保護成為中國國際經濟法的重大課題和關注。除現有的多邊國際經貿條約外，截至 2023 年 4 月，中國已與其他國家或地區經濟體簽訂 145 項雙邊投資保護和自由貿易協定，與歐盟的《全面投資協定》的談判也已完成。中美雙邊投資協定雖然仍未達成，但已對促進中國進一步開放，進行負面清單改革和出台新的《外商投資法》等產生積極影響。近年來，對雙邊經貿和投資保護協定的研究發現，中國企業對這些法律保護機制的主動積極運用還有待提高，協定中關於利用法律手段解決爭議的規定也需要進一步強化。

## 五、國際投資爭議解決

中國還參加了《關於解決各國和其他國家的國民之間的投資爭端的公約》（ICSID 公約）。這是一個總部設在華盛頓，專門

通過調解和仲裁方式解決投資者和東道國之間投資爭端的國際機構，隸屬於世界銀行，目前已有約 160 個締約國。ICSID 公約管轄的並不是一般的投資糾紛，而是外國投資者與投資所在國政府（東道國）因投資產生的有關爭端；也就是說，爭端的一方是外國投資方，另一方是東道國政府。公約的目的在於通過有拘束力第三方仲裁和調解方式來解決跨境投資爭議，特別是增加外國投資者向發展中國家進行投資的信心。在中國已經簽訂的很多雙邊國際投資協定中，都允許將相關爭議交由 ICSID 仲裁。近年來，中國「走出去」的企業也在不斷提高維權意識，利用投資協定項下的投資仲裁機制解決與東道國政府間的糾紛。中國投資方作為申請人針對外國政府提起的仲裁案件已近二十起。

# 第十章

## 當代中國的
## 法律服務職業
## 和法律教育

中華人民共和國成立以來，尤其是改革開放以來，隨着社會經濟的快速發展，尤其是市場經濟和法治建設的發展，法律服務職業和法律教育快速發展。

# 第一節　中國法律職業

## 一、中國法律職業的發展

　　中國的法律職業早在中國古代統一的國家形成之初就已出現。傳統中國的法律職業包括刑名官和獄訟師。刑名官是傳統中國的法官和審判官，主要負責審理案件、裁決判決。傳統中國的獄訟師，相當於現代社會的律師，主要為當事人寫訴狀、代理訴訟。傳統中國的獄訟師一般是通過私塾教育、師徒制途徑學習法律。傳統中國的法律職業相對簡單，但在維護社會秩序、解決糾紛等方面發揮了重要作用。隨着中國社會的發展，古代法律職業逐漸演變為現代法律職業，如法官、檢察官、律師等，更加專業化、規範化和多元化。

　　自 20 世紀初以來，中國近現代法律職業發生了顯著變革。法

律服務職業，尤其是律師成為法律服務的專業人士，為客戶提供法律諮詢、起草法律文件、代理訴訟等服務，已形成了一個專業化的體系。

## 二、當代中國的律師

### 1、律師概況

中華人民共和國成立以來，執業律師的規模持續擴大，律師行業呈現出快速增長的態勢。截至 2020 年底，中國執業律師總數已超過 46 萬人，律師事務所數量超過 3.2 萬家，法律服務市場持續擴大。執業律師主要集中在經濟發達的地區，如華東、華南和華北地區。其中，上海、北京、廣東等地的律師數量較多，律師事務所數量也較多。執業律師涉及民事、刑事、商事、知識產權、金融、房地產、稅務、勞動、環保、家庭、國際貿易等廣泛領域。執業律師具有較高的學歷水平，大部分執業律師具有本科及以上學歷，其中碩士研究生和博士研究生的比例逐年上升。

### 2、資格與執業條件

在中國，律師是是受到法律嚴格規範的職業。成為律師需要具備完全民事行為能力，具備良好的品行，具備法學專業本科及以上學歷，通過國家統一司法資格考試。通過統一司法考試後，申請者需要在律師事務所完成一定期限的實習，通常為一年。在實習期間，實習律師將在指導律師的監督下學習和了解律師工作的實踐操作。實習期滿後，申請者需要向當地司法行政部門提交申請，通過審核後，取得律師執業證書，成為執業律師，律師需要加入一個律師事務所，才能為客戶提供法律服務。律師事

務所有獨立法人資格，可以根據業務需要招聘合格的律師。執業律師需要定期參加繼續教育課程，以更新法律知識和提高業務能力。執業律師在工作中需要遵守國家法律法規以及律師職業道德規範，保守客戶機密、避免利益衝突。執業律師需要購買專業責任險，以保障自己在執業過程中因疏忽、失誤或違反職業道德規範可能面臨的法律責任。執業律師需要加入當地律師協會。律師協會負責制定行業標準，維護律師的合法權益，促進律師業的發展。律師需要遵守協會的章程和規定，參加協會的活動。

### 3、律師的業務範圍

中國律師可以從事廣泛的業務範圍，為個人、企業和政府提供法律服務。訴訟業務：律師可以在民事、刑事、行政等訴訟案件中代理原告或被告，為當事人提供訴訟服務，包括起訴、答辯、上訴、申請執行等訴訟程序。仲裁業務：律師可作為當事人的代理人參加商事、勞動和其他領域的仲裁，協助當事人起草仲裁協議、提交仲裁申請、參加仲裁庭審等。法律顧問：律師可以為企業、事業單位、社會團體等提供法律顧問服務，為客戶提供法律意見、起草和審查合同、處理法律事務等。非訴訟法律事務：律師可以協助客戶處理非訴訟法律事務，如婚姻家庭、遺產繼承、房地產買賣、知識產權保護、稅務籌劃等。公司法律事務：律師可協助企業處理公司設立、變更、合併、分立、清算等法律事務，以及提供公司治理、股權結構設計、融資、併購等法律服務。證券與資本市場：律師可以為客戶提供股票、債券發行、上市、重組等資本市場業務的法律服務，包括文件撰寫、法律意見書、授權調查等。國際貿易與投資：律師可以協助客戶處理國際貿易、投資、合作等跨境法律事務，包括國際商事合同起

草與審查、進出口法規諮詢、國際仲裁與訴訟等。金融法律事務：律師可以為金融機構、企業提供銀行、保險、信託、租賃等金融法律服務，包括合同審查、風險控制、合規審查等。知識產權法律事務：律師可以為客戶提供專利、商標、著作權等知識產權的申請、維護、許可、轉讓等法律服務，以及知識產權侵權訴訟和維權。環境與資源保護：律師可協助企業處理環境保護、資源利用、土地使用等方面的法律事務，包括環境法規諮詢、環境影響評價、資源開發與利用合同等。稅務法律事務：律師可以為企業、個人提供稅收籌劃、稅務糾紛處理等方面的法律服務，包括稅收法規諮詢、稅務稽查應對、稅收優化策略等。外國法律顧問：針對涉及外國法律的問題，律師可以與外國律師合作，為客戶提供國際法律服務，幫助客戶在全球範圍內拓展業務。

**4、公職律師**

公職律師（也稱為公務員律師）是指在政府部門或事業單位工作的律師。公職律師通常列入公務員或事業單位編制，主要為政府或事業單位提供法律服務。公職律師主要在政府部門（如司法部、公安部、工商局等）、國有企業、高校、科研機構等事業單位工作。他們的工作範圍有法律諮詢：公職律師為所在單位提供法律諮詢服務，解答單位在履行職能、實施政策等方面遇到的法律問題，確保單位的工作符合法律規定。法律審查：公職律師負責審查所在單位起草或參與起草的法律法規、規章、政策等文件，確保文件的合法性、合規性。合同起草與審查：公職律師負責為所在單位起草、審查合同、協議及其他法律文件，保障單位在簽訂合同、達成協議時的合法權益。法律風險防範：公職律師為所在單位進行法律風險評估，提供風險防範建議，幫助單位遵

守法律法規，防止違法行為發生。處理法律糾紛：公職律師協助所在單位處理各類法律糾紛，如行政訴訟、合同糾紛等。他們可以為單位提供調解建議或代理訴訟，維護單位的合法權益。法律培訓：公職律師負責為所在單位的員工提供法律培訓，提高員工的法律意識和素養，確保單位工作的合法性、合規性。參與重大決策：公職律師參與所在單位的重大決策過程，提供法律意見，確保決策符合法律規定。

### 5、律師的職責與義務

律師承擔着重要的專業職責與義務。忠實為當事人服務：律師應忠實地為當事人提供法律服務，維護當事人的合法權益，嚴格履行職責，不徇私舞弊。保守客戶機密：律師有義務保守客戶的商業祕密和個人隱私，不得泄露在執業過程中獲悉的客戶機密信息。遵守法律法規和職業道德：律師應遵守國家法律法規、律師執業管理規定以及律師職業道德規範，不得參與違法犯罪活動。誠實守信：律師在執業過程中應當誠實守信，不得捏造事實、偽造證據或者故意歪曲法律。接受監督管理：律師應當接受司法行政部門、律師協會和律師事務所的監督管理，按照規定報告執業情況，參加年度評估。參加繼續教育：律師有義務參加繼續教育課程，定期更新法律知識，提高業務水平，以滿足客戶的法律需求。遵守律師事務所規定：律師應當遵守所在律師事務所的管理規定，按照事務所要求報告業務情況，參加事務所組織的活動。

### 6、律師的國際聯繫

隨着改革開放和社會的發展，中國律師和律師組織走出國門，越來越多的參加國際律師組織和從事國際律師業務。中國律

師參加國際律師協會（IBA）、國際律師事務所協會（ILASA）、亞洲律師協會、國際刑事法律協會（ICLA）、國際商法協會（ILA）、國際知識產權律師協會（AIPPI）、國際仲裁協會（ICC）等國際律師組織。通過參加這些國際組織，中國律師拓展國際視野，與國際同行交流合作，了解學習國際法律制度和最新發展。

參與國際律師組織有關的活動：國際會議和研討會：中國律師通過參加這些活動，與國際同行交流經驗、建立人脈，拓展國際合作網絡。培訓和教育項目：國際律師組織提供各種培訓和教育項目，包括短期課程、在線課程、工作坊等。這些項目有助於中國律師提高自己的專業知識和技能，適應國際法律市場的發展和變化。出版物和研究成果：國際律師組織發佈各種出版物和研究成果，涵蓋國際法律領域的最新動態、案例分析和理論探討。中國律師通過這些資料，了解國際法律發展趨勢，豐富自己的法律知識體系。國際合作項目：國際律師組織開展各種國際合作項目，如律師交流、合作辦案、聯合研究等。中國律師參與這些項目，積累國際業務經驗，提高國際競爭力。專業認證和評價：部分國際律師組織提供專業認證和評價服務，如國際商事仲裁員認證、國際知識產權律師評價等。中國律師通過獲得這些認證和評價，獲取國際性專業資質，提升自己的專業地位和市場價值。

## 三、中國的公證制度

中國的公證制度是一套旨在確保民事法律行為和事實具有法律效力的制度。公證是公證機構依法對民事法律行為、有關事

實的真實、合法性進行證明的法律行為。中國公證制度的主要法律依據包括《中華人民共和國公證法》以及其他有關法律和行政法規。

### 1、公證機構

中國的公證機構是經過國家司法行政部門批准設立的具有公證職能的法人。公證機構須具備一定數量的公證員、合適的辦公場所和設施等。公證機構屬非營利性法人，不以盈利為目的，獨立承擔民事責任，公證行為不受其他組織和個人的干預。公證機構受國家司法行政部門的監督和管理。司法行政部門負責公證機構的設立、變更、撤銷等事項的審批，對公證機構的業務活動進行監督和指導。

### 2、公證員

公證員是具有公證執業資格的專職人員。截至 2021 年，中國約有 3 萬名公證員。公證員需具備法學本科及以上學歷，通過國家統一司法資格考試和公證員資格考試，具備良好的職業道德和職業素質。公證員取得公證執業資格證後，需在公證機構經過一定期限的實習和考核，方可正式任職。公證員負責處理公證業務，包括接受申請、審核材料、調查核實、出具公證書等。公證員需遵守法律法規和職業道德規範，確保公證行為的合法性、準確性和公正性。公證員對申請人的個人信息、財產狀況和其他涉及隱私的事項有嚴格的保密義務。公證員如違反法律規定、玩忽職守或者失職造成申請人或第三方損失，應當依法承擔民事賠償責任。

### 3、公證範圍

中國公證制度涉及的範圍廣泛，包括民事法律行為、有關事

實和文書等。主要有房地產交易、遺囑公證、婚姻狀況證明、繼承權證明、公司設立及變更、知識產權轉讓等。公證書具有法定效力和強制執行力；公證書可用作證據，對當事人和第三方具有約束力。中國是《海牙公證公約》的締約國，與其他締約國之間的公證行為可以相互承認和執行。涉及跨國民事法律行為、國際商事、留學、移民等方面的國際公證，要根據目標國家的法律要求和程序，辦理相應的公證認證和領事認證手續。

### 4、公證程序

公證程序的主要環節：提交申請：申請人向有管轄權的公證機構提交公證申請。申請人需要提供個人身份證明、與公證事項相關的證明材料、原件和複印件等。審核材料：公證員對申請人提交的材料進行審核，以確保材料的真實性、合法性和完整性。如有需要，公證員可以要求申請人補充材料或者提供進一步的解釋。調查核實：公證員對申請人提供的證明材料進行調查核實。調查核實的方式包括查閱檔案、調查取證、詢問當事人和證人等。證明事實：公證員對調查核實後的事實進行證明。證明事實的形式包括書面證明、口頭證明和視聽資料等。公證員需要根據公證事項的具體情況，選擇合適的證明方式。出具公證書：公證員根據證明事實，出具公證書。公證書應當包括申請人和公證員的基本信息、公證事項的主要內容、公證日期和地點等。公證書應當由公證員簽名並加蓋公證機構的專用章，交付申請人。申請人可以根據需要，將公證書用作證據、合同憑證或者其他法律用途。

# 四、中國法律職業面臨的挑戰

中國的法律服務業發展很快，市場競爭日益激烈。

## 1、法律服務市場競爭

律師事務所競爭。律師事務所的數量逐年增長，各類律師事務所在不同領域激烈競爭，以爭取更多客戶和市場份額。法律科技競爭：法律科技領域的創新和發展對傳統法律服務市場產生了重要影響。許多創新型法律科技公司通過提供在線法律服務、智能合同審查等創新解決方案，降低了法律服務的成本並提高了效率，對傳統法律服務市場構成了挑戰。價格競爭：在法律服務市場中，為了吸引客戶，部分律師事務所和其他法律服務提供者降低服務費用，過度的價格競爭可能會影響服務質量，對整個市場產生負面影響。

## 2、國際化進程與跨境法律服務

在全球化進程加快背景下，法律業面臨着一系列挑戰：法律體系差異：不同國家和地區的法律體系存在很大差異，在跨境法律服務過程中，中國律師需要充分理解不同法律體系的規定，以適應多元化的法律環境。跨國公司競爭：越來越多的跨國律師事務所和國際律師事務所以不同形式進入中國市場，為中國本土律師事務所帶來巨大的競爭壓力。國際法律規則與標準：在跨境法律服務中，律師需要遵循國際法律規則和標準，如世界貿易組織（WTO）規定、國際私法規則等，對中國法律服務業是巨大的挑戰。人才培養與流失、中國法律業需要培養具有國際視野、掌握外語能力、了解國際法律規則的律師人才。高素質人才往往具有

較高的流動性，容易流失到其他國家和地區，給中國法律業帶來人才短缺的問題。跨境合作與協調：在涉及跨境法律服務的案件中，中國律師須克服語言、文化和法律體系的差異，為客戶提供高質量的法律服務。跨境法律服務中遵守各國法律規定，提供高質量的法律服務，是重要的挑戰。

### 3、科技發展對法律職業的影響

科技發展給法律職業帶來了一系列挑戰：隨着人工智能和自動化技術的發展，文獻檢索、合同審查和法律研究等部分低技能、重復性的法律工作可能會被人工智能取代。法律從業者需要掌握新技術，如數據分析、人工智能和區塊鏈等，並應用這些技術於實際工作中。信息安全與隱私保護：隨着大量法律服務向線上轉移，律師需要了解網絡安全的基本知識，確保在處理敏感信息時採取合適的安全措施，防止數據泄露和黑客攻擊。快速變化的法律環境下，法律從業者需要時刻關注行業動態，及時掌握社會的發展變化，準確掌握法律法規的變化，為客戶提供及時、準確的法律建議。科技發展催生了許多跨學科的法律問題，法律從業者需要與其他領域的專家進行合作與溝通，共同解決複雜的法律問題。

# 第二節　中國的法律教育

法律教育近年來發展很快，並在國民素質教育和法律職業教育中的作用日益提高。

# 一、法律職業教育

法律職業教育分為法律學位教育和法律職業持續教育。

## 1、法律學位教育

法律學位教育包括本科、碩士和博士學位教育。本科法學學位通常需要 4 年全日制學習，主要專業課程包括法學理論、憲法、民法、刑法、行政法、經濟法、程序法和國際法等。碩士學位分為法律碩士（LL.M.）和法學碩士（JM）兩類，前者為職業型學位，後者為研究型學位。博士學位則是最高的法學學位，通常要求 3 — 4 年全日制研究與論文撰寫。法律職業從業者在獲得法學學位後，需要通過全國統一司法資格考試。司法資格考試分為兩部分：筆試和實踐能力測試。筆試包括法律知識和法律實務兩部分，實踐能力測試則需要應聘者進行模擬案例分析和操作。通過考試後，還需在律師事務所實習一年，最後通過律師協會的審核，方可獲得執業證書。獲得法學研究型學位者，大都從事法學教育、研究工作。

## 2、法律職業持續教育

為了適應法律法規的不斷更新和法律服務市場的發展需求，法律從業者須定期參加繼續教育。以執業律師為例：

根據《律師執業管理辦法》，執業律師每年應完成不少於二十學時的繼續教育。繼續教育內容主要包括新法律法規、司法解釋、法律實踐動態、業務技能、職業道德等方面的內容。培訓形式包括線下培訓班、線上課程、講座、研討會、專題培訓等。律師繼續教育培訓機構主要由各級律師協會、律師培訓中心、高校承擔。律師協會負責組織和實施，司法行政部門負責對繼續教

育的質量和學時進行監督和管理。

　　培訓機構向接受繼續教育者出具學時證明，供律師存檔和報告學時。司法行政部門會定期審核律師完成的繼續教育學時，未完成學時的律師可能受到警告、責令補學、暫停執業等處罰，嚴重者可能被吊銷執業證書。

## 二、中國的法律普及教育

　　法律普及教育在現代教育中日益重要，通過教育，讓民眾了解和掌握法律知識，提高法治意識，增強法律素養，維護法律權益，自覺遵守法律。

　　1、政府是法律普及教育的主導者和組織者。中國政府制定政策、規劃和方案，對法律普及教育進行統籌、指導和支持。教育行政部門在學校教育體系中開展法律教育，將法律知識納入國民教育體系，通過課程設置、教材編寫、師資培訓等方式，使學生從小學習法律知識，了解法律規定，培養法律意識。司法部門通過舉辦法律講座、法律諮詢、法律援助等活動，向民眾普及法律知識。社會組織和企事業單位在各自領域開展法律普及教育，使員工和成員了解相關法律知識。報紙、雜誌、電視、廣播、網絡等媒體傳播法律知識，普及法治觀念。

　　2、法律普及教育的內容。普及性法律教育內容包括：憲法、民法、刑法、勞動法、環境保護法、婚姻法等。法律適用和維權知識：日常生活中常出現的法律問題，如財產糾紛、勞動爭議、家庭矛盾等。維護自己合法權益的法律途徑：訴訟、仲裁、調解等。重要的法律責任和義務：納稅、遵守交通規則、尊重他人權

益等。法治文化和價值觀：傳播社會主義核心價值觀，培養公民的法治意識和道德觀念，促進社會公平正義和和諧穩定。

　　法律普及教育中，各級政府、教育部門、法律機構、社會組織、媒體、企事業單位等共同參與，共同推進。同時，利用現代信息工具創新教育方式，整合優化資源，提高法律普及教育的質量和效果。

# 後 記
*Postscript*

　　承擔中華書局當代中國叢書法律分冊的撰寫工作不是一件輕鬆的事情。雖然現在已是法治社會，或在向法治社會邁進，但法律離具體的世俗社會生活也還有一定的距離。中國近四十年來法律發展非常快，已經形成了比較完善的法律體系。但對中國大陸以外的讀者來說，中國法律顯然是陌生的。兩位作者一位在大學法學院從事法學教育、研究超過三十年，另一位在國家政府機關從事政府律師、司法、立法和法律政策研究超過三十年，但面對中國大陸以外的讀者明顯感到心有餘而力不足。我們不是不熟悉中國法律，而是擔心沒有對讀者講清楚中國法律。

　　世界在快速變化，國家也在快速發展。法律最直接、清晰地反映了國家的社會制度、價值觀和治理理念。我們期望本書能為讀者提供有價值的信息，在了解中國法律的同時，透過法律認識當代中國的政治制度與發展理念、經濟體制與發展模式、國家治理與公共服務、社會公平與正義、文化傳承與創新、生態環境保護與可持續發展等當代中國社會的多元面貌。

　　當本書與讀者見面時，也許書中介紹的某些內容已經發生改變。勿容置疑，中國法律的發展會比西方發達國家更快。我們也會將中國法律最重要的發展及時報告讀者。

本書由馮巍（北京大學）和張憲初（香港大學）合著。馮巍撰寫第一章、第二章、第三章、第四章和第十章；張憲初撰寫第五章、第六章、第七章、第八章和第九章。全書由馮巍統稿。劉瞳和張斌提供了高效的文字支持。

# 主要參考書目
## *Main reference books*

吳祖謀、李雙元主編：《法學概論（第十四版）》，法律出版社。

古春德、楊曉青主編：《法學概論（第六版）》，中國人民大學出版社。

朱國斌、林來梵、徐孟洲：《中國法新編》，香港城市大學出版社。

潘國平、馬利民：《中國法律》，五洲傳播出版社。

朱勇主編：《中國法律史》，法律出版社。

馬小紅、姜曉敏：《中國法律思想史》，中國人民大學出版社。

# 主要法律目錄（按法律部門分類）

*Main Legal Catalogue (Classified by Legal Department)*

## 憲法

1. 中華人民共和國憲法（1982 年）
2. 中華人民共和國憲法修正案（1988 年）
3. 中華人民共和國憲法修正案（1993 年）
4. 中華人民共和國憲法修正案（1999 年）
5. 中華人民共和國憲法修正案（2004 年）
6. 中華人民共和國憲法修正案（2018 年）

## 憲法相關法

1. 中華人民共和國全國人民代表大會組織法
2. 中華人民共和國國務院組織法
3. 中華人民共和國地方各級人民代表大會和地方各級人民政府組織法
4. 中華人民共和國人民法院組織法
5. 中華人民共和國人民檢察院組織法
6. 中華人民共和國立法法
7. 中華人民共和國國籍法
8. 中華人民共和國國旗法
9. 中華人民共和國國徽法
10. 中華人民共和國國歌法

11. 中華人民共和國民族區域自治法

12. 中華人民共和國城市居民委員會組織法

13. 中華人民共和國村民委員會組織法

14. 中華人民共和國香港特別行政區基本法

15. 中華人民共和國澳門特別行政區基本法

16. 中華人民共和國香港特別行政區駐軍法

17. 中華人民共和國澳門特別行政區駐軍法

18. 中華人民共和國香港特別行政區維護國家安全法

## 民法商法

1. 中華人民共和國民法典

2. 中華人民共和國商標法

3. 中華人民共和國專利法

4. 中華人民共和國著作權法

5. 中華人民共和國消費者權益保護法

7. 中華人民共和國公司法

8. 中華人民共和國證券法

## 行政法

1. 中華人民共和國行政處罰法

2. 中華人民共和國治安管理處罰法

3. 中華人民共和國行政許可法

4. 中華人民共和國行政強制法

5. 中華人民共和國行政覆議法

6. 中華人民共和國國家賠償法

7. 中華人民共和國公務員法

8. 中華人民共和國道路交通安全法

## 經濟法

1. 中華人民共和國反不正當競爭法

2. 中華人民共和國反壟斷法

3. 中華人民共和國對外貿易法

4. 中華人民共和國外商投資法

5. 中華人民共和國產品質量法

## 社會法

1. 中華人民共和國勞動法

2. 中華人民共和國勞動合同法

3. 中華人民共和國殘疾人保障法

4. 中華人民共和國未成年人保護法

5. 中華人民共和國婦女權益保障法

6. 中華人民共和國老年人權益保障法

7. 中華人民共和國社會保險法

## 刑法

1. 中華人民共和國刑法

2. 全國人民代表大會常務委員會關於懲治騙購外匯、逃匯和非法買賣外匯犯罪的決定

3. 中華人民共和國刑法修正案

4. 中華人民共和國刑法修正案（二）

5. 中華人民共和國刑法修正案（三）

6. 中華人民共和國刑法修正案（四）

7. 中華人民共和國刑法修正案（五）

8. 中華人民共和國刑法修正案（六）

9. 中華人民共和國刑法修正案（七）

10. 中華人民共和國刑法修正案（八）

11. 中華人民共和國刑法修正案（九）

12. 中華人民共和國刑法修正案（十）

13. 中華人民共和國刑法修正案（十一）

14. 中華人民共和國國際刑事司法協助法

## 訴訟與非訴訟程序法

1. 中華人民共和國刑事訴訟法

2. 中華人民共和國行政訴訟法

3. 中華人民共和國民事訴訟法

4. 中華人民共和國仲裁法

5. 中華人民共和國人民調解法

6. 中華人民共和國人民律師法

7. 中華人民共和國人民公證法

# 當代中國法律

馮巍　張憲初　著

責任編輯　陳思思
裝幀設計　鄭喆儀
排　　版　黎　浪
印　　務　劉漢舉

出版　　中華書局（香港）有限公司
　　　　香港北角英皇道 499 號北角工業大廈一樓 B
　　　　電話：（852）2137 2338　傳真：（852）2713 8202
　　　　電子郵件：info@chunghwabook.com.hk
　　　　網址：http://www.chunghwabook.com.hk

發行　　香港聯合書刊物流有限公司
　　　　香港新界荃灣德士古道 220-248 號
　　　　荃灣工業中心 16 樓
　　　　電話：（852）2150 2100　傳真：（852）2407 3062
　　　　電子郵件：info@suplogistics.com.hk

印刷　　美雅印刷製本有限公司
　　　　香港觀塘榮業街 6 號 海濱工業大廈 4 樓 A 室

版次　　2024 年 1 月初版
　　　　© 2024 中華書局（香港）有限公司

規格　　32 開（210mm×145mm）

ISBN　　978-988-8861-07-1